교리에 묻고 **성경**에 듣다

의 마음

넓고 붉은 숲이라는 중의적 의미를 담고 있는 <홍림>은, 세상을 향해 추구해야할 사유와 행동양식의 바람직한 길을 모색하고자 노력하고 있습니다. 폭넓은 독자층을 향해 열린 시각으로 이 시대의 역할 고민을 감당하며, 넓고 붉은 숲을 조성하는데 <홍림>이 독자 여러분과 함께하고자 합니다.

교리에묻고**성경**에듣다

지은이   김재구

1판 1쇄 인쇄   2021년 3월 25일
1판 1쇄 발행   2021년 3월 30일

펴낸곳   홍   림
펴낸이   김은주
등록   제 312-2007-000044호17
주소   인천광역시 서구 원당대로819번길 24
전자우편   hongrimpub@gmail.com

값은 표지에 있습니다.
ISBN 978-89-6934-027-6(03230)

김재구 지음

교리에 묻고 성경에 듣다

성경에서 찾는 5가지 논쟁적 교리들

홍림

이 책을
목회의 선배이시자,
남산교회의 전임 사역자셨던
존경하는 이 시대의 나팔수 강승구 목사님과
귀한 배필이신 김영옥 사모님께 드립니다.

들어가는 말

:.
:.
:.

신학생들, 목회자들 그리고 성도들을 대상으로 성경 강의를 하며 살아온 15년의 세월을 뒤로하고 창원남산교회에서 목회를 시작한지 만 일 년이 지났습니다. 아직도 어설프고, 어리벙벙한 초보 담임자인 것은 마찬가지지만 조금씩 적응해 가고 있음은 느낍니다. 교회에서 목회를 하며 경험하는 것은 강의할 때와는 또 다른 부분이 있습니다. 강의할 때는 교단에 관계없이 구약과 신약 그 자체를 해석하여 의미를 전하면 되었습니다. 그런데 교회에서 목회를 하면서 성도들의 다양한 배경을 보게 되었습니다. 다양한 배경은 생각과 사고의 다양성이 공존한다는 것을 의미합니다. 목회하는 교회가 성결교단이지만 성도들이 장로교,

감리교, 침례교 등의 배경을 가지고 있고, 교리적인 성향 또한 일괄적이지 않다는 것을 파악하게 되었습니다. 설사 자신은 "교단에 구애되지 않는다"라고 말하는 분들도 어느 선에서는 이미 가지고 있는 선지식이 있다는 것을 느낄 수 있습니다.

가벼운 내용일 경우에는 그리 큰 문제가 되지 않지만 첨예한 대립이 예상되는 교리에 대하여 서로의 '주의'를 앞세워 강조한다면 문제의 소지가 될 수 있을 것이라 여겨졌습니다. 때로는 이런 저런 내용으로 설교를 통해서 다뤄 보기도 하지만 만족스럽지 않았습니다. 이 책에서는 몇 가지 논쟁의 여지가 있는 교리적인 내용과 신앙적인 내용을 무겁지 않게 다루어 보았습니다. 이 책은 결코 대립적인 주장이나, 견해에 대한 해결점을 제시하여 일괄적인 통일성을 이루려는 데에 목적을 두지 않았습니다. 그 보다 성경적인 관점에서 서로를 다시 한 번 바라보자는 데에 취지를 두었습니다. 물론 이 책을 쓰는 저 자신 또한 어떤 주장에 이미 물들어 있기에 완전히 객관적일 수는 없지만 최선을 다해 성경이 답하도록 하려는 노력에 집중했습니다. 개신교의 정신이 '오직 성경으로만Sola Scriptura'이라는 점에서 어떤 '주의'나 '주장'을 따르자는 것이 아니라, 성경으로 돌아가자는 취지에서입니다.

　이 책에 전개된 다섯 가지의 주제는 언뜻 보기에는 서로 연관이 없는 듯이 보이기도 할 것입니다. 그러나 면밀하게 살펴보면 각각의 주제가 서로에게 영향을 주며 밀고 당기는 사이에 어느샌가 다다라야 할 마지막 목적지로 인도해 갈 것이라 확신합니다. 이 책은 명백히 읽는 대상이 정해져 있습니다. 그리스도인들입니다. 그리스도인들이 마침내 이루어야 할 정체성은 바로 예수 그리스도의 제자입니다. 제자는 곧 예수님께서 분부한 모든 것을 가르쳐 지키게 하는 사명이 주어져 있습니다.[마28:19-20] 그러기 위해 하나님의 말씀인 구약과 신약의 의미는 물론 공통점과 차이점까지도 분명하게 파악해야 합니다. 그리고 그러한 공통점과 차이점이 발생케 된 배경이 되는 죄의 문제에 대해 명확한 이해가 갖춰져 있어야 합니다. 원죄에 대한 선명한 이해가 곧 성부 하나님과 성자 예수님 그리고 보혜사 성령님으로 이어지는 삼위의 사역에 대해 폭넓은 시야를 갖게 할 것이기 때문입니다. 그러한 이해는 한 걸음 더 나아가 우리에 대한 하나님의 숭고한 예정을 돌아보게 하며, 그 예정에 대해 우리가 어떻게 응답할 것인가라는 의지에 대한 숙고로 이어질 것입니다. 그 의지는 곧 하나님의 뜻에 대한 순종으로 이어져 간다는 점에서 은혜와 행함에 대한 관계를 상고하게 할 것입니다. 하나님의 예정하심은 놀라운 구원과 축복의 삶이라는 전인적인 계획이 포함된 것이기에 우리 인생을 향한 갚을 길 없는 은혜라고 밖에는 표현할 길이 없습니다. 미물 같은 인생을 존엄하게 여겨주시는 그 은혜는 곧 자원하는 심령을 일으켜 기쁘게 응답하는 행함의 삶으로 연결될 것이기 때문입니다. 이러한 영적 흐름이 마침내 한 사람의 죄인을 거듭나게 하여 무리에서 제자로의 삶을 가능케 하는 것입니다. 그러므로 제자는 창세전에 시작된 하나님의 이 모든 계획을 공유하고, 그 계획을 완성해 나가는 하나님의 동역자인 것입니다.^{고전3:9}

제게는 이 책이 이런 유사한 주제들에 대한 시작을 여는 책이 될지, 아니면 이것으로 마감될지, 아직 미지수입니다. 단지 목회가 계속되며 써야만 하는 논쟁적인 주제들이나, 나누어야 할 내용이 주어진다면 또 다른 묶음의 책이 탄생하리라 봅니다. 이 책은 목회 첫 일 년 동안 전했던 설교의 내용이 많이 담겨있습니다. 그래서 이 책은 많은 부분에서 창원남산교회 성도님들에게 빚을 지고 있습니다. 일 년 동안 강의인지, 설교인지 구분이 안 가는 말씀을 들으며 인내하고 기다려주신 창원남산교회 모든 성도님들의 사랑에 감사를 드립니다. 사랑으로 기다려주시고, 지지해주시는 성도님들의 인내와 기도 덕분에 목회의 기쁨이 점점 더 커짐을 고백합니다. 창원남산교회에서 귀한 성도님들과 함께 목회의 길을 걷는 것이 하나님께서 제게 허락하신 소명이며 성숙의 기회임을 확신하며 제2의 인생을 잘 걸어갈 것을 결심해 봅니다. 그와 더불어 성도님들의 사랑과 존경 가운데 아름답게 사역을 마치시고 목회의 본을 보여주신 강승구 목사님께 감사를 드립니다. 정결하게 닦아놓은 길 위에 서서 사역할 수 있음이 감사임을 전합니다.

사랑하는 가족들의 사랑과 기도는 늘 감사의 제목입니다. 언제나 함께하며 말보다 행동으로 사랑을 보여주는 돕는 배필 아내 심희엽 사모에게 감사의 마음을 천국에서도 영원히 함께하고 싶다는 말로 전합니다. 어떡하든 각박한 세상 속에서 뜻을 펼치려고 부단히 애쓰는 사랑하는 딸 연주에게, 하나님을 아는 것이 힘이요 능력이라는 것과 하나님께서 펼치시면 세상이 좁을 것이라는 사실이 진리가 되기를 소망합니다. 지금 구슬땀을 흘리며 국방의 의무를 담당하며 군복무에 임하고 있는 사랑하는 아들 영훈에게 이 시간이 하나님의 임재로 인한 인격적인 만남이 이루어지는 시간 되기를 또한 기도합니다.

2021년 창원에서

차 : 례

제 1 장
구약인가, 신약인가?

OLD TESTAMENT OR NEW TESTAMENT?

한국교회에서 구약은 안타깝게도 오해와 배척의 대상이 되어왔습니다. 그 주요한 원인을 한 가지 꼽으라고 한다면 "구약은 율법이고 신약은 은혜다"라는 왜곡된 정의를 들 수 있을 것입니다. 이러한 정의가 가능하게 된 배경은 역시 구약에 나타난 하나님의 모습과 신약에서 이 땅에 오신 하나님이신 예수님과의 비교를 통해서일 것입니다. 구약의 하나님이 율법에 비추어 그 기준에 도달하지 못할 때는 심판하고 정죄하며 잔혹하게 살육하시는 두려움과 공포의 하나님 상象,image이라면, 신약의 예수님은 무조건적으로 차별 없이 은혜롭고, 자비하며, 용서하시는 긍휼의 하나님 상을 보여주신다는 것입니다. 그러나 구약과 신약에 나타난 하나님 상에 대한 이러한 접근은 명백한 오류입니다. 부분으로 전체를 판단하는 이해의 부족에서 오는 왜곡인 것입니다. 만약 이것이 사실이라면 두 성향의 하나님이 존재하는 것이며, 양쪽을 다 맞추려 한다면 신을 섬기는 것은 무척이나 두렵고 버거운 일이 될 것입니다. 구약과 신약을 이렇게 단 한 단어로 단순하게 재단하는 것에는 무리수가 있습니다.

이렇게 이질적인 하나님 상에 기초하여 구약과 신약을 각각 율법과 은혜라는 측면에서 바라보는 것은 명백히 편향적 성경읽기에서 비롯된 것이라 할 수 있습니다. 구약에 율법의 내용이 다수 포함되어 있지만 그 율법은 구원받은 백성을 향하여 주어진 것이지, 그 율법을 행함으로 구원을 얻는 것은 결코 아니기 때문입니다. 그리고 구약에 주어진 하나님의 구원 또한 전적인 하나님의 은혜로 주어진다는 것은 불변의 진리라는 점에서 신약과 다를 바가 없습니다. 출애굽의 구원 사건만 살펴보아도 은혜의 구원으로 시작하여^{출1-18장} 주신 법을 준수하고, 구원받은 백성으로서의 삶을 신실하게 이루어가며 세상을 향한 소명을 담당하는 것으로 자연스레 이어집니다^{출19-신34장}.

신약으로 넘어오면 "신약은 은혜다"라는 강조점은 어느 누구나 쉽게 이해할 수 있는데, 그것은 예수 그리스도의 십자가 보혈을 통한 죄사함과 구원의 부여가 인간의 어떤 노력도 포함시키지 않았다는 점에서 선명히 드러납니다. 그러나 그렇다고 신약에 율법이 없는 것은 결코 아닙니다. 산상수훈마5-7장을 비롯하여 신약의 곳곳에서 율법을 행하는 삶에 대한 강조점이 적지 않게 주어지고 있습니다. 이는 곧 은혜의 구원이 방종으로의 부름이 아니며 살아가야 할 삶의 규례가 있다는 것을 의미하는 것이기에 구약과 또한 다를 바가 없습니다. 십자가 보혈을 통한 은혜의 구원으로 시작하여복음서;롬1-11장 주님이 주신 법을 따라 살아감으로 구원의 완성에 이르고 세상을 향한 복음선포의 사명을 감당하는 삶인 것입니다산상수훈;롬12-16장.

상황이 이러함에도 이것이 분명하게 정립되지 않는다면 구약 기피 현상은 여전할 것입니다. 여기에 더하여 구약과 신약이라는 명칭 또한 구약 기피에 한 몫을 더하고 있습니다. 구약舊約이라는 뜻이 '오래되고, 낡은, 지나간 약속'이라는 의미를 가지고 있고, 신약新約이 '새롭고, 참신하게, 주어진 약속'이란 뜻을 풍기고 있다는 점에서, 초점이 지나간 것에서 새롭게 주어진 것으로 맞추게 하기 때문입니다. 그러나 반드시 오래되었다고 지나간 진부한 것이 아니며, 새로운 것이라고 해서 그 자체만으로 의미를 갖는 것은 아닙니다. 오래된 것과 새로운 것이 하나로 연결되어 서로 유기적인 영향력을 발휘하여 연결될 때 바른 완성에 도달하기 때문입니다. 구약은 하나님의 뜻하심이 처음으로 선포되는 장소입니다. 그 뜻하심이 인간의 죄로 인해 막혀버린 상황이 구약의 본질적인 선언일 것입니다. 이제 그 뜻을 이루기 위해 하나님께서 이 땅에 인간의 육신을 입고 오셨고, 죄로 인해 막힌 담을 십자가로 일시에 제거해 버리셨기에 하나님의 뜻이 이루어질 모든 준비가 갖추어졌습니다. 신약은 이제 그 하나님의 뜻을 성취하는 내용인 것입니다. 예수님께서 주신 말씀은 구약과 신약의 밀접한 연결을 보여주기에 충분합니다.

때가 아직 낮이매 나를 보내신 이의 일을 우리가 하여야 하리라 밤이 오리니 그 때는 아무도 일할 수 없느니라(요 9:4)

나더러 주여 주여 하는 자마다 다 천국에 들어갈 것이 아니요 다만 하늘에 계신 내 아버지의 뜻대로 행하는 자라야 들어가리라(마 7:21)

구약에서 시작된 하늘 아버지의 뜻은 신약으로 그 성취에 이르고, 신약의 그 성취는 곧 구약에 주어진 하나님의 뜻을 이루는 것이기에 구약은 신약을 낳고, 신약은 또한 구약을 품습니다. 이는 곧 과거와 현재의 만남이란 점에서 과거는 현재로 완성되고, 현재는 과거를 포용하는 것과 같은 것이라 할 수 있습니다.

이렇게 구약도, 신약도 은혜의 구원으로 시작하여 하나님예수님께서 주신 법을 준수하며 구원받은 백성으로서의 삶을 이루고, 확장시켜 나가는 것이란 점에서 동일하다는 것은 분명합니다. 이제 더 상세히 살펴보아야 할 것은 구약과 신약의 차이점입니다. 만약 구약도, 신약도 동일하게 하나님의 구원의 은혜로 시작하여 주어진 법을 살아감으로 구원의 완성과 더불어 세상을 향한 소명을 이루는 것이라면 굳이 이렇게 두 가지를 허용하실 이유가 없기 때문입니다. 은혜의 구원과 법 준수라는 과정은 동일할지라도 그 깊이에 있어서는 명백한 차이가 있을 것이기 때문입니다. 왜냐하면 신약이 구약의 완성이요, 성취라고 한다면 구약에서 미진한 부분이 무엇이며, 신약에서 완전하게 성취된 것이 무엇인가가 드러날 것이 분명합니다. 그리고 신약의 완성과 성취가 또한 구약의 무엇을 완성하고 성취하는 것인지에 대한 것도 선명하게 나타날 것이기 때문입니다. 이것이 해결되면 자연스레 구약의 하나님의 모습과 신약의 예수님의 모습에서 드러나는 성향의 차이점에 대한 이유까지도 이해국면으로 나아갈 것이라 확신합니다.

1. 정죄의 시대에서 십자가 은혜의 시대로(구약에서 신약으로)

구약과 신약 속에 나타나는 내용 중에 통일성을 말하기 힘겨운 주제를 하나 고르라 한다면 분명 이 양쪽에 주어진 하나님 상이라 할 수 있습니다. 구약과 신약 속에 나타난 서로 상반되는 하나님의 모습을 어떻게 화해하며 조화시킬 수 있을까에 대한 고민인 것입니다. 구약의 이스라엘 백성에게는 가나안 땅 정복을 말씀하십니다. 그것도 칼을 들고 진멸이라는 잔혹한 방법으로 가나안 땅을 차지하는 이야기가 펼쳐집니다. 이미 그 진멸에 대한 명령은 신명기서에 강력하게 주어져 있기도 합니다.^{신 2:34; 7:1-2} 세상을 칼로 정복하여 하나님의 땅을 만들어나가는 것, 그것이 구약성경 속에 명령으로 주어져 있는 내용입니다. 그러나 신약성경은 예수님을 잡으러 온 무리들을 향해 칼을 빼든 베드로에게 예수님께서는 단호하게 "네 칼을 도로 칼집에 꽂으라 칼을 가지는 자는 다 칼로 망하느니라"고 선언하십니다.^{마 26:52; 요 18:10-11} 그리고 칼이 아닌, 희생과 헌신의 십자가로 세상을 정복하라고 명령하십니다.^{막 8:34-38; 10:42-45} 이러한 차이점은 어디에서 발생하는 것일까요? 분명 그 이유가 있을 것입니다.

1) 정죄의 시대에서(구약에서)

가나안 주민을 진멸하라는 명령이 주어지는 신명기와 그 명령대로 이루어지는 여호수아서는 풀 수 없는 수수께끼 같이 느껴지기도 합니다. 가나안 땅의 어린아이부터 노년에 이르기까지 모조리 살육하라는 지시는 정말 하나님의 말씀일까요? 어린아이가 무슨 죄가 있다고, 왜 이리 잔혹하실까요? 그런데 신약성경으로 넘어오면 사랑의 하나님께서 우리를 위해 생명을 내어주시고, 십자가를 지시고, 우리를 구원하시는 이야기가 전개되는데 이는 은혜 위에 은혜라고 밖에는 표현할 수 없는 것입니다. 왜 이렇게 구약의 하나님과 다르실까요? 그래서 성경을 읽는 사람들의 마음속에 구약의 하나님은 무서운 하나님, 신약의 하나님은 사랑의 하나님이라는 안타까운 오해가 생기기도 합니다.

이런 모순 같은 상황을 어떻게 해결해 나가야 할까요? 먼저 구약의 내용부터 살펴볼 필요가 있습니다. 도대체 왜 이스라엘에게 가나안 땅을 진멸하여 하나님의 땅으로 바꾸라고 하는지 바르게 이해하지 않으면 혼선을 빚을 수 있습니다. "지금도 그 때처럼 그렇게 세상을 향하여 힘으로 정복해 나가면 되지 않습니까?"라는 말을 할 수 있기 때문입니다. 그리고 실제로도 힘의 논리를 앞세워 세상을 위협하며 뜻을 관철시키려고 하는 그리스도인들도 심심찮게 볼 수 있습니다. 그러나 그것은 이미 구약시대로 끝났습니다. 우리가 살아가는 신약시대는 반드시 다른 방법으로 세상을 바꾸어 나가야 합니다. 왜 이렇게 방법이 달라졌는가를 알아야 혼란에 빠지지 않고 구약시대의 방법이 아니라, 우리 시대에 주신 뜻을 따라 바르게 행해 나갈 수 있을 것입니다.

현대의 윤리, 도덕적인 관점에서 보면, 이스라엘이 전쟁을 통해 가나안 땅을 차지하는 내용은 그리 아름답게 보이지는 않습니다. 가나안 사람들이 수천 년 동안 터 잡고 살고 있는 땅에 쳐들어가, 그 땅이 자신들의 조상에게 하나님께서 주신 것이라는 명분을 내세우며, 강제적인 폭력으로 그 땅에 사는 모든 사람들을 잔인하게 몰살시키고 빼앗는 것으로 비쳐지기 때문입니다. 그리고 여호와 하나님은 이러한 잔혹한 행위에 가담하여 편파적으로 이스라엘이라는 특정한 민족의 편을 드는 것으로 보이기 때문입니다. 이러한 오해를 풀기 위해서는 진멸의 법이 갖고 있는 의미를 살펴볼 필요가 있습니다. 그리고 그 잔혹해 보이는 법 속에 들어있는 하나님 나라의 의미를 바르게 새겨야만 이 땅을 향한 하나님의 뜻을 오해 없이 이해할 수 있을 것입니다.

　　가나안 원주민에 대한 진멸법을 이해하기 위해서는 먼저 땅에 대한 개념부터 살펴보아야 합니다. 가나안 땅은 누구의 땅인가라는 소유권에 대한 분명한 명시입니다.

토지를 영영히 팔지 말 것은 토지는 다 내 것임이라 너희는 나그네요 우거하는 자로서 나와 함께 있느니라(레 25:23)

온 세상의 땅이 창조주 하나님의 땅입니다. 그리고 이스라엘 백성들이 들어가는 가나안 땅 또한 하나님의 땅입니다. 가나안 땅에 살고 있는 일곱 족속, 거기에 들어가는 이스라엘 백성들, 그리고 지금 여기에서 살고 있는 우리 모두도 땅에 우리 이름을 걸고 문서를 만들어 살아가고 있지만 땅은 모두 하나님의 것입니다. 우리는 나그네요, 우거하는 자로서 그 땅을 하나님께 빌려 살아가고 있는 존재들일 뿐입니다. 땅을 가진 사람도, 없는 사람도 다같이 빌려 살기는 마찬가지인 것입니다. 이와 같이 땅의 소유권은 전적으로 하나님께 있습니다.

우리 시대에 우스갯소리가 있습니다. '조물주 위에 건물주가 있다'라는 표현입니다. 물질주의가 만연하다보니 어처구니없는 망발이 횡횡하고 있습니다. 자기 것인양 큰소리 치지만 하나님께서 회수해 가시면 아무도 한마디 할 수 없는 것이 인생입니다. 한 생명이 가고, 다른 생명이 그곳을 차지해도 마찬가지입니다. 땅을 영구히 소유할 수 있는 사람은 이 세상에 아무도 없습니다. 인간의 덧없는 죽음이 그것을 증명해 주고 있습니다. 이것을 깨닫지 못하는 자는 짐승과 다를 바 없다라고 성경은 말씀하고 있습니다.시 49:20

이처럼 가나안 땅도 이스라엘 백성들이 들어가기 전에 하나님에 의해 이미 가나안 일곱 족속들에게 임대가 된 상태입니다. 임대에는 분명 계약만료기간이 있을 것입니다. 그리고 반드시 임대주의 방침에 따라 건물이나 땅을 유지해 주어야 합니다. 그

건물을 주인의 허락 없이 마음대로 뜯어고칠 수가 없는 것입니다. 이것이 제대로 지켜지지 않으면 법정소송이 벌어질 수도 있습니다. 이처럼 가나안 사람들에게도 계약만료 기간이란 것이 있습니다. 그리고 땅 주인이신 하나님의 뜻을 따라 그 땅을 사용하여야 합니다. 이들이 하나님의 뜻을 따라 그 땅을 잘 사용하고 있는지는 창세기에 나와 있는 이야기를 살펴보면 알 수 있습니다.

또 그에게 이르시되 나는 이 땅을 네게 주어 소유를 삼게 하려고 너를 갈대아인의 우르에서 이끌어 낸 여호와니라 그가 이르되 주 여호와여 내가 이 땅을 소유로 받을 것을 무엇으로 알리이까 … 해 질 때에 아브람에게 깊은 잠이 임하고 큰 흑암과 두려움이 그에게 임하였더니 여호와께서 아브람에게 이르시되 너는 반드시 알라 네 자손이 이방에서 객이 되어 그들을 섬기겠고 그들은 사백 년 동안 네 자손을 괴롭히리니 그들이 섬기는 나라를 내가 징벌할지며 그 후에 네 자손이 큰 재물을 이끌고 나오리라 너는 장수하다가 평안히 조상에게로 돌아가 장사될 것이요 네 자손은 사대 만에 이 땅으로 돌아오리니 이는 아모리 족속의 죄악이 아직 가득 차지 아니함이니라 하시더니 해가 져서 어두울 때에 연기 나는 화로가 보이며 타는 횃불이 쪼갠 고기 사이로 지나더라(창 15:7-9, 12-17)

하나님께서 아브라함에게 가나안 땅을 주실 것에 대한 언약을 맺으실 때에 짐승을 쪼개어 그 사이로 지나가시며 언약을 맺습니다. 그런데 땅을 주시는 것보다 이스라엘이 이방에서 객이 되어 그들을 섬기는 것이 먼저입니다. 즉 애굽 땅에 들어가서 400년 동안 종살이 하는 기간이 필요한 것입니다. 그 다음에 그 땅에서 나와 약속의 땅으로 간다는 것입니다. 왜 이스라엘이 400년 동안 애굽 땅에서 종살이를 하며 머물러야 하는지 그 이유는 다름 아닌 아모리 족속의 죄악이 아직 가득차지 아니하였기 때문입니다. 가나안 땅에 사는 모든 족속의 죄악이 그 땅에 가득차지 않았다는 것은 아직 그 땅에 대한 임대만료가 이루어지지 않았다는 것을 의미합니다. 그 땅이 죄악으로 가득하려면 아직 400년의 시간이 지나야 한다는 것입니다. 그래서 이스라엘은 애굽 땅에 400년을 더 머물며 그 기간을 기다려야 하는 것입니다.

가나안 족속은 그 땅을 하나님께 대여 받은 이후로 줄곧 땅 주인의 말에 따라 그 땅을 사용하지 않고 있습니다. 죄가 쌓여가며 임대차 계약이 만료되는 시점은 계속해서 단축되고 있는 것입니다. 그리고 마침내 400년 뒤에 그들의 죄악이 가득 찼습니다. 그들의 죄악이 어느 정도였는지는 400년이 지나 이스라엘이 출애굽 하여 가나안 땅을 향하여 가던 때인 레위기 18장을 보면 분명히 드러납니다.

여호와께서 모세에게 일러 가라사대 너는 이스라엘 자손에게 고하여 이르라 나는 여호와 너희 하나님이라 너희는 그 거하던 애굽 땅의 풍속을 좇지 말며 내가 너희를 인도할 가나안 땅의 풍속과 규례도 행하지 말고 너희는 나의 법도를 좇으며 나의 규례를 지켜 그대로 행하라 나는 너희의 하나님 여호와니라 너희는 나의 규례와 법도를 지키라 사람이 이를 행하면 그로 인하여 살리라 나는 여호와니라(레 18:1-5)

하나님께서는 가나안 땅으로 들어가는 이스라엘 백성을 향해 가나안 족속의 풍속을 결코 따르지 말 것을 강조하십니다. 이스라엘이 따르지 말아야 할 내용이 곧 지금 가나안 족속이 그 땅에 가득하게 만든 죄악의 구체적인 내용이 됩니다.

너희는 골육지친을 가까이하여 그 하체를 범치 말라 나는 여호와니라 네 어미의 하체는 곧 네 아비의 하체니 너는 범치 말라 그는 네 어미인즉 너는 그의 하체를 범치 말찌니라 너는 계모의 하체를 범치 말라 이는 네 아비의 하체니라(레 18:6-8)

너는 결단코 자녀를 몰렉에게 주어 불로 통과케 말아서 네 하나님의 이름을 욕되게 하지 말라 나는 여호와니라 너는 여자와 교합함 같이 남자와 교합하지 말라 이는 가증한 일이니라 너는 짐승과 교합하여 자기를 더럽히지 말며 여자가 된 자는 짐승 앞에 서서 그것과 교접하

지 말라 이는 문란한 일이니라(레 18:21-23)

너희는 이 모든 일로 스스로 더럽히지 말라 내가 너희의 앞에서 쫓아
내는 족속들이 이 모든 일로 인하여 더러워졌고 그 땅도 더러워졌으
므로 내가 그 악을 인하여 벌하고 그 땅도 스스로 그 거민을 토하여
내느니라 그러므로 너희 곧 너희의 동족이나 혹시 너희 중에 우거하
는 타국인이나 나의 규례와 법도를 지키고 이런 가증한 일의 하나도
행하지 말라 너희의 전에 있던 그 땅 거민이 이 모든 가증한 일을 행
하였고 그 땅도 더러워졌느니라 너희도 더럽히면 그 땅이 너희 있기
전 거민을 토함 같이 너희를 토할까 하노라(레 18:24-28)

아브라함 시절 가나안 족속의 죄악은 아직 진행 중이었
습니다. 그런데 애굽에서의 400년이 지난 후 레위기에 와서는 이
스라엘이 약속의 땅을 향하여 출애굽할 이유가 분명하게 드러납
니다. 이제 가나안 땅 족속들의 죄악이 가득차서 더 이상 더러워
질 곳도 없이 더러워진 그 땅이 그 주민을 토해내는 지경에까지
이르렀습니다. 흡사 쓰레기가 쌓이고 쌓여 더 이상 쌓을 곳이 없
어 외부로 분출되어 나오는 상황이 된 것입니다. 이렇게 가나안
땅 주민들이 진멸되는 것은 전적으로 이들이 쌓은 죄악으로 인한
것입니다. 그리고 이들의 자리를 이스라엘이 대신하기 위하여 들
어가는 것입니다.

그러나 분명하게 기억해야 할 것은, 이스라엘이 그 땅에 들어가는 것은 이스라엘이 이들보다 더 낫기 때문도 아니고, 특별해서도 아닙니다. 그것은 신명기에 분명하게 기록되어 있습니다.

이스라엘아 들으라 네가 오늘 요단을 건너 너보다 강대한 나라들로 들어가서 그것을 얻으리니 그 성읍들은 크고 성벽은 하늘에 닿았으며 그 백성은 네가 아는 바 장대한 아낙 자손이라 그에게 대한 말을 네가 들었나니 이르기를 누가 아낙 자손을 능히 당하리요 하거니와 오늘날 너는 알라 네 하나님 여호와께서 맹렬한 불과 같이 네 앞에 나아가신즉 여호와께서 그들을 파하사 네 앞에 엎드러지게 하시리니 여호와께서 네게 말씀하신 것같이 너는 그들을 쫓아내며 속히 멸할 것이라 네 하나님 여호와께서 그들을 네 앞에서 쫓아내신 후에 네가 심중에 이르기를 나의 의로움을 인하여 여호와께서 나를 이 땅으로 인도하여 들여서 그것을 얻게 하셨다 하지 말라 실상은 이 민족들이 악함을 인하여 여호와께서 그들을 네 앞에서 쫓아내심이니라(신 9:1-4)

그러므로 이스라엘이 들어가 가나안 족속을 치는 것은 하나님의 공의로운 심판행위이지 어떤 특정 인종을 말살하는 행위가 결코 아닙니다. 공의로운 하나님께서 이스라엘을 통하여 죄악된 세상을 심판하는 역사인 것입니다. 이스라엘은 결코 이 사명을 망각해서는 안 됩니다. 이스라엘이 가나안 땅에서 행하는 모든 일은 아모리 족속의 죄악에 대한 정죄와 심판을 단행하는 임무인 것입니다. 이 임무를 망각하면 동일한 정죄와 심판을 받고 말 것입니다.

그 구체적인 예가 바로 여호수아서의 아간의 행동입니다. 이스라엘이 하나님의 사명자인 심판의 도구가 되어야 하는데 아간은 오히려 죄악 가운데 사는 사람들이 누리고 살아가는 것에 현혹되어 그들의 것을 탈취하여 차지하는 악을 저질렀습니다. 이는 곧 이스라엘이 가나안 땅에 들어간 것이 흡사 가나안 족들이 살아가는 부유함과 안락함이 탐이 나서 그들의 땅을 빼앗고, 그들이 누리는 것을 약탈하려고 들어가는 꼴이 되게 만들어 버렸습니다. 즉 하나님의 공의의 심판을 도적질과 강도짓으로 만들어 버린 것입니다.

> 이스라엘이 범죄하여 내가 그들에게 명령한 나의 언약을 어겼으며 또한 그들이 온전히 바친 물건을 가져가고 도둑질하며 속이고 그것을 그들의 물건들 가운데에 두었느니라 (수 7:11)

하나님께서는 아간의 행위를 도둑질하며 속이는 것으로 평가하십니다. 이것은 명백하게 하나님께서 이스라엘을 가나안 땅에 들여보내시는 목적이 무엇인지를 상실한 행위입니다.

이는 지금도 흔히 벌어질 수 있는 일입니다. 그리스도인들이 세상 사람들의 살아가는 방식을 추구하며 그들이 누리는 것과 같은 삶을 얻기 위해 경쟁하고 다투는 것은 아간의 행위와 다를 것이 없는 삶이라 할 수 있습니다. 예수 그리스도의 제자가 되어, 가서 세상 모든 족속으로 제자를 삼아 하나님 나라의 길을 걷게 하여야 하는데 오히려 세상의 제자가 되어서 어찌하든지 이 땅의 것을 더 긁어서 쌓아놓고, 세상 사람들처럼 큰소리치며 살아가려 한다면 아간과 다를 바 없는 인생이 되고 맙니다. 그 결국은 진멸이라는 것을 깨달아야 합니다.

아간의 이야기는 강력한 경고가 됩니다. 이스라엘도 아간처럼 살다가는 진멸될 수 있다는 경고이기 때문입니다. 아간이 구원받은 이스라엘 백성이 아니었다고 어느 누구도 말할 수 없을 것입니다. 그는 이스라엘의 유력한 유다 지파였습니다. 그럼에도 그의 가족이, 그 아들들과 딸들과 소들과 나귀들과 양들과 장막과 무릇 그에게 속한 모든 것이 아골 골짜기에서 진멸되는 안타까운 일이 벌어졌습니다.수 7:24-26 이러한 일이 이스라엘의 삶에 더 이상 벌어지지 않기를 바라시는 하나님의 가슴 아픈 경고인 것입니다.

안타깝게도 이스라엘 역사의 끝에서 동일한 일이 민족 전체에게 또 발생됩니다. 이스라엘이 가나안 땅의 아모리 족보다 더한 악을 쌓으며 살아갔기 때문입니다. 그 악이 쌓이고 쌓인 것이 바로 유다의 므낫세 왕 시절입니다. 그 때를 보면 유다의 진멸이 눈앞에 왔다는 것을 알 수 있습니다.

유다 왕 므낫세가 이 가증한 일과 악을 행함이 그 전에 있던 아모리 사람의 행위보다 더욱 심하였고 또 그 우상으로 유다를 범죄케 하였도다 그러므로 이스라엘 하나님 여호와가 말하노니 내가 이제 예루살렘과 유다에 재앙을 내리리니 듣는 자마다 두 귀가 울리리라 내가 사마리아를 잰 줄과 아합의 집을 다림보던 추로 예루살렘에 베풀고 또 사람이 그릇을 씻어 엎음 같이 예루살렘을 씻어 버릴찌라 내가 나의 기업에서 남은 자를 버려 그 대적의 손에 붙인즉 저희가 모든 대적에게 노략과 겁탈이 되리니 이는 애굽에서 나온 그 열조 때부터 오늘까지 나의 보기에 악을 행하여 나의 노를 격발하였음이니라 하셨더라 (왕하 21:11-15)

가나안 땅이 토해낼 만큼 악을 저질렀던 아모리 족보다 더욱 심한 악을 쌓았다는 것은 이스라엘과의 임대계약이 만료되었다는 것을 뜻합니다. 하나님의 심판의 도구였던 이스라엘이 가나안 족을 진멸하듯 마침내 하나님의 심판의 도구인 바벨론이 유다를 처참하게 진멸하는 역사가 펼쳐집니다. 그 이유는 역시 동일하게 가나안의 아모리 족의 죄악보다 더한 악을 그 땅에 가득 채웠기 때문입니다. 아이 밴 여인의 배가 갈라지고, 어린아이부터 노년까지 처참하게 심판의 칼날에 죽어갑니다. 이처럼 하나님의 심판은 공평합니다. 이스라엘이 가나안 땅에 들어가 하나님의 심판을 행했던 것처럼, 이스라엘도 하나님의 도구인 바벨론에 의해 심판을 받습니다.

이렇게 구약성경의 진멸의 법은 다른 것이 아니라, 바로 죄에 대한 하나님의 심판이었습니다. 가나안 족속을 미워해서도 아니고, 이스라엘만을 편애해서도 결코 아닙니다. 모두가 다 죄에 대한 공의로우신 하나님의 심판입니다. 그리고 심판은 때로 우리의 눈에 잔혹하게 보일 수 있습니다. 그것은 우리가 죄를 간과하기 때문입니다. 우리는 가나안 족속을 향한 심판은 잔혹하게 보고, 또 다른 한 철저한 심판은 당연시 할 때가 있습니다. 둘 다 동일한 심판임에도 불구하고 경중을 다르게 보고 있는 것입니다. 바로 소돔과 고모라의 철저한 진멸입니다. 죄악의 소굴, 즉 레위기의 가나안 족속의 죄악과 같은 죄악으로 가득했던 도성인 소돔과 고모라가 하루아침에 유황불에 타버리고 진멸의 심판을 받았습니다. 롯의 가족은 소돔과 고모라 땅 사람이 아니었다는 점에서 그 도성에서는 단 한 명도 구원받지 못하고 모조리 죽었습니다. 그 안에는 유아부터 노년까지 모든 종류의 사람들이 다 모여 살던 곳입니다. 그러나 공통점은 이 모든 것이 다 죄악에 대한 심판이라는 사실입니다. 이와 같이 죄의 결과는 무섭고 심판은 공평합니다.

2) 십자가 은혜의 시대로(신약으로)

그렇다면 왜 이제는 달라졌는가를 살펴 보아야 하겠습니다. 왜 신약시대를 살아가는 우리 그리스도인들은 세상을 향하여 이와 같은 심판을 행하며, 진멸의 법을 이루어 나가면 안 되는 것일까요? "죄악 된 세상 속에 들어가서 모조리 심판의 칼날을 들이대며 죽여서, 하나님의 정의와 공의의 심판을 행하며 세상을 깨끗하게 만들어나가면 더 신속하고 빠르게 세상을 바꿀 수 있기에 좋지 않을까?"라는 생각을 해 볼 수 있기 때문입니다.

그러나 우리는 결코 그렇게 할 수가 없습니다. 힘이 없어서가 아니고, 능력이 없어서도 아닙니다. 만약에 우리가 이 일을 수행해야만 한다면 하나님께서 그 옛날 이스라엘과 함께하시며 앞장서 전투를 치르셨던 것처럼 지금도 우리와 함께 그렇게 하실 것입니다.수1:1-9 그러나 이미 그런 시대는 끝났습니다. 무엇이 끝났기 때문일까요? 죄에 대한 심판이 이미 끝났기 때문입니다. 우리의 모든 죄를, 아니 이 세상 모든 인류의 죄를 예수 그리스도께서 다 짊어지시고, 십자가에 달리시는 그 순간에 죄에 대한 정죄는 다 끝났습니다. 예수님께서 숨을 거두시는 그 순간에 "다 이루었다"는 그 한 마디가 인류의 죄에 대한 모든 심판을 다 받은 순간입니다.요19:30 우리의 죗값은 이미 예수님께서 다 치르셨습니다. 이

'우리' 속에는 지금 예수님을 영접하고 그리스도인이 된 우리와 아 직도 세상 속에서 예수님을 거부하며 살아가는 모든 사람들, 그리 고 앞으로 이 땅에서 살아갈 미래 세대들이 다 포함됩니다.

그러므로 이제 그리스도 예수 안에 있는 자에게는 결코 정죄함이 없 나니 이는 그리스도 예수 안에 있는 생명의 성령의 법이 죄와 사망의 법에서 너를 해방하였음이라(롬 8:1-2)

이제는 더 이상의 정죄함도 없습니다. 이런 우리에게 남 은 한 가지는 '회개'밖에 없습니다. 우리의 죄를 자복하고 예수 그 리스도께서 값없이 부여해 주시는 '용서'를 누리는 것입니다. 그것 이 곧 구원이며, 정죄가 아닌 용서를 통해 생명의 길로 나아가는 유일한 길이 될 것입니다.

그가 빛 가운데 계신 것 같이 우리도 빛 가운데 행하면 우리가 서로 사 귐이 있고 그 아들 예수의 피가 우리를 모든 죄에서 깨끗하게 하실 것 이요 만일 우리가 죄가 없다고 말하면 스스로 속이고 또 진리가 우리 속에 있지 아니할 것이요 만일 우리가 우리 죄를 자백하면 그는 미쁘 시고 의로우사 우리 죄를 사하시며 우리를 모든 불의에서 깨끗하게 하실 것이요(요일 1:7-9)

죄를 자백하고 예수 그리스도의 용서함을 받은 삶은 하나님과의 깊은 사귐으로 나아가는 축복의 삶입니다. 그 사귐은 죄책에서의 해방이라는 영적 유익은 물론이거니와 하나님의 사랑 가운데 거하며 세상을 이기는 능력을 공급받는 기지가 됩니다.

누가 능히 하나님께서 택하신 자들을 고발하리요 의롭다 하신 이는 하나님이시니 누가 정죄하리요 죽으실 뿐 아니라 다시 살아나신 이는 그리스도 예수시니 그는 하나님 우편에 계신 자요 우리를 위하여 간구하시는 자시니라 누가 우리를 그리스도의 사랑에서 끊으리요 환난이나 곤고나 박해나 기근이나 적신이나 위험이나 칼이랴 기록된 바 우리가 종일 주를 위하여 죽임을 당하게 되며 도살 당할 양 같이 여김을 받았나이다 함과 같으니라 그러나 이 모든 일에 우리를 사랑하시는 이로 말미암아 우리가 넉넉히 이기느니라 내가 확신하노니 사망이나 생명이나 천사들이나 권세자들이나 현재 일이나 장래 일이나 능력이나 높음이나 깊음이나 다른 어떤 피조물이라도 우리를 우리 주 그리스도 예수 안에 있는 하나님의 사랑에서 끊을 수 없으리라(롬 8:33-39)

하지만 이것이 끝이 아닙니다. 예수님의 보혈의 공로는 결코 개인화에 머물러서는 안 됩니다. 이 세상에 이러한 용서가 이루어졌음을 선포하며 그것을 인정하고 회개하는 사람들을 주의 제자로 세워가야 하는 것입니다.

그러므로 너희는 가서 모든 민족을 제자로 삼아 아버지와 아들과 성령의 이름으로 세례를 베풀고 내가 너희에게 분부한 모든 것을 가르쳐 지키게 하라 볼지어다 내가 세상 끝날까지 너희와 항상 함께 있으리라 하시니라(마 28:19-20)

그리고 우리가 분명히 기억해야 할 것은 세상 속에 들어가 행해야 할 우리의 사명은 결코 정죄와 심판이 아니라, 용서의 선포라는 것입니다. "우리 예수님께서 다 갚으셨고, 용서하셨으니 그 값없이 주시는 죄사함의 용서를 진심으로 받아들이고 회개하는 곳에 구원의 역사가 있다는 것"을 온 세상을 향하여 선포하는 것입니다. 정죄가 아닙니다. 심판도 아닙니다. 우리는 용서를 선포할 자격밖에는 없습니다. 어떤 위치에 있는 사람이든지, 어린아이부터 노년에 이르기까지, 맘에 들지 않는 행정부든, 정치인이든, 일반인이든 용서받았다는 것을 선포하는 것입니다. 우리가 해야 할 사명은 칼을 들고 그들을 심판하는 것이 아닙니다. 만약 칼을 들고 심판을 자행한다면 자신부터 먼저 심판받고 죽어야 할 인생이라는 것을 기억해야 합니다. 똑같이 죽을 수밖에 없는 죄인임에도 불구하고 우리는 십자가의 보혈에 감사하여 먼저 회개했다는 것밖에는 차이가 없습니다. 먼저 회개했고, 먼저 용서받았을 뿐입니다. 먼저 회개한 죄인이 아직 회개하지 않은 죄인을 향하여 정죄하고 심판의 화살을 날리는 것은 자신이 어떤 존재인지조차 모르는 기억상실 환자라는 것을 드러내는 것, 그 이상도 이하도 아닙니다. 분명하게 기억해야 합니다. 다 죄인이었고, 다 사형수였습니다. 그런데 용서받은 사형수가 아직 용서받지 않은 사형수를 향하여 정죄와 심판을 가하고 있다는 것은 아직도 구약 속에 갇혀 있는 안타까운 존재임을 드러내는 것입니다. 우리에게는 정죄하고 심판할 자격조차 없습니다. 용서받은 죄인으로서 오직 한 가지 용서할 자격만 주어져 있습니다.

구약과 신약이 이렇게도 달라 보이는 것은 바로 우리 구주 예수 그리스도 이 땅에 오신 우리의 하나님께서 우리 죄를 자신에게 다 쏟아 부어 철저한 심판을 단행하심으로 가능하게 된 것입니다. 우리가 죽어야 함에도 자신에게 죄를 다 전가하여 대신 죽으심으로 우리의 모든 죄를 일시에 다 해결해 주셨기 때문입니다. 그래서 우리에게는 일흔 번씩 일곱 번 정죄할 자격이 아니라, 일흔 번씩 일곱 번 용서할 자격밖에는 없습니다. 그래서 바울은 "죄인 중의 괴수인 자신을 용서하신 그리스도 예수님의 십자가밖에는 자랑할 것이 없다"라고 평생을 고백하며 살았습니다. 세상 곳곳을 다니며 정죄가 아니라 값없이 주시는 그리스도의 용서를 선포하며 삶을 불태웠습니다.

너희는 모든 악독과 노함과 분냄과 떠드는 것과 비방하는 것을 모든 악의와 함께 버리고 서로 친절하게 하며 불쌍히 여기며 서로 용서하기를 하나님이 그리스도 안에서 너희를 용서하심과 같이 하라(엡 4:31-32)

그러므로 너희는 하나님이 택하사 거룩하고 사랑 받는 자처럼 긍휼과 자비와 겸손과 온유와 오래 참음을 옷 입고 누가 누구에게 불만이 있거든 서로 용납하여 피차 용서하되 주께서 너희를 용서하신 것 같이 너희도 그리하고(골 3:12-13)

이제 우리가 그 사명을 연결시켜야 합니다. 서로가 서로를 정죄하느라 정신이 없는 이 시대에 우리 그리스도인들만큼은 정죄가 아니라, 용서의 십자가로 이 땅을 가득 메우는 사명의 길을 걸어야 할 것입니다. 지금도 우리가 누군가를 향하여 정죄하며 손가락질을 하고 있다면 그 정죄는 자신을 향한 것이 될 것이며, 그 손가락질은 부메랑이 되어 자신 뒤로 날아올 것임을 반드시 기억해야 할 것입니다. 지금은 칼을 들고 정죄하며 심판하는 시대가 아니라, 두 팔 벌려 용서를 선포하는 시대입니다. 이미 용서하신 예수님께서 세상 끝 날까지 우리와 함께하실 것입니다.마 28:20

2. 십자가를 통해 이루는 본래의 세상(신약에서 구약으로)

이제 예수 그리스도의 십자가로 인하여 정죄와 심판의 시대에서 용서를 선포하는 시대가 되었다는 것을 살펴보았습니다. 그럼 당연히 하나님께서 십자가의 용서를 통하여 이루고자 하시는 것이 무엇인가를 알아보는 것이 그 다음 순서가 될 것입니다. 죄로 인한 정죄의 시대가 마감되고, 죄에서 해방된 용서의 시대는 어떤 목표점을 가지고 있는지를 통해 지금 우리가 나아가야 할 바를 바르게 살펴볼 수 있을 것이기 때문입니다.

1) 십자가 은혜의 시대에서(신약에서)

예수 그리스도의 십자가는 참으로 많은 것을 변화시켰습니다. 그 중 가장 중요한 변화는 바로 예수님의 첫 번째 선포인 "회개하라 천국이 가까이 왔느니라"마4:17에서 드러납니다. 이제 바야흐로 천국이 눈 앞에 펼쳐진 시대가 된 것입니다. 하나님이 함께하시는 임마누엘의 역사가 가능케 된 것입니다. 물론 구약시대에도 임마누엘은 희망이었고 기대였습니다. 그러나 하나님의 영이 특정한 사람들에게만 임하는 임마누엘의 시대는 그 한계가 뚜렷했습니다. 그 사람의 실패와 타락, 죽음은 그 시대의 종말을 신속하게 가져왔으며, 임마누엘의 역사가 단절되는 안타까운 상황이 펼쳐졌습니다. 그러나 이제 완전히 다른 시대가 도래했습니다. 하나님의 영이 모든 사람에게 임하는 천국의 완성이 눈앞에 이른 것입니다. 물론 그 실체는 예수님의 십자가와 부활을 거친 후에 이루어진다는 점에서 죄사함이라는 십자가를 통과한 것입니다. 그리고 마침내 선포됩니다.

볼지어다 내가 세상 끝날까지 너희와 항상 함께 있으리라 하시니라 (마 28:20)

이 한 마디가 인류 역사를 뒤바꿉니다. 하나님께서 시작하신 역사가 이제 진정으로 완성에 이를 때가 된 것입니다. 그 마지막 때에 하나님께서 이 땅에 오셔서 영원한 생명을 값 없이 주시고 우리 그리스도인들을 부르신 것입니다. 하나님께서 자신의 생명을 내어주시는 은혜로 값 주고 사신 그리스도인의 시대가 시작된 것입니다.

우리가 아직 연약할 때에 기약대로 그리스도께서 경건하지 않은 자를 위하여 죽으셨도다 의인을 위하여 죽는 자가 쉽지 않고 선인을 위하여 용감히 죽는 자가 혹 있거니와 우리가 아직 죄인 되었을 때에 그리

스도께서 우리를 위하여 죽으심으로 하나님께서 우리에 대한 자기의 사랑을 확증하셨느니라(롬 5:6–8)

창세로부터 지금까지 이 세상에 아무도 이런 은혜를 경험한 적이 없습니다. 구약시대의 하나님의 백성 이스라엘이 경험한 것은 가히 이와 비교조차 할 수 없는 것이라 할 수 있습니다.

우리 하나님 여호와께서 우리가 그에게 기도할 때마다 우리에게 가까이 함을 얻은 큰 나라가 어디 있느냐 오늘 내가 너희에게 선포하는 이 율법과 같이 그 규례와 법도가 공의로운 큰 나라가 어디 있느냐 … 어떤 신이 와서 시험과 이적과 기사와 전쟁과 강한 손과 편 팔과 크게 두려운 일로 한 민족을 다른 민족에게서 인도하여 낸 일이 있느냐 이는 다 너희의 하나님 여호와께서 애굽에서 너희를 위하여 너희의 목전에서 행하신 일이라(신 4:7–8, 34)

이와 같은 신약과 구약에 나타난 하나님께서 행해 주신 일들을 비교해 보면 하나님의 사랑이라는 점에서는 차이가 없으나, 베풀어주신 사랑의 강도에 있어서는 그 차이점을 느껴볼 수 있습니다. 구약시대에는 하나님께서 내려오셔서 하나님의 백성 이스라엘을 이방의 압제에서 건져주시는 것입니다. 그러나 신약시대의 그리스도인들은 이방의 압제에서 구원받은 정도가 아니라 모든 억압과 고통의 근원인 죄로부터 구원받은 것이며, 이를 위해 하나님께서 자신의 생명을 내어주신 사랑입니다. 그 받은 사랑의 강도가 다릅니다. 받은 사랑의 크기가 다르다는 것은 그 응답에 있어서도 현저한 차이점이 있을 것을 예상해 볼 수 있습니다. 그 구체적인 증거는 예수님께서 바리새인 시몬의 집에서 들려주신 말씀 속에서 드러납니다. 예수님께서 바리새인 시몬의 집에 초청받아 오셨을 때 시몬은 발 씻을 물도, 극진한 예인 입맞춤도 하지 않았습니다. 그런데 죄 많은 한 여인이 들어와 눈물로 예수님의 발에 적시고 자기 머리털로 닦고 그 발에 입 맞추고, 향유를 담은 옥합을 깨뜨려 발에 붓고 자신의 머리털로 씻었습니다. 이를 통해 예수님께서는 "많이 사함 받은 자는 많이 사랑하고, 적게 사함 받은 자는 적게 사랑한다"라고 하시며 바리새인 시몬과 이 여인의 행동의 차이를 설명해주십니다.^{눅 7:36-50} 여기서 바리새인 시몬이 구약적인 배경을 가진 자라면, 죄를 저지른 이름 없는 한 여인은 신약의 십자가 사랑을 받은 사람을 뜻합니다. 이처럼 그리스도인들은 갚을 수 없는 하나님의 사랑을 받은 사람들입니다. 그래서 주님을 사랑하듯, 다른 이들을 더 사랑할 수 있고, 자신의 모든 것이라 할 수 있는 값비싼 향유 옥합을 깨뜨릴 수 있는 사랑의 완성인 십자가에 이를 수 있는 것입니다.

　　받은 사랑의 차이가 어떤 결론에 이르게 되는지는 구약

과 신약의 비교를 통해서도 분명하게 드러납니다. 먼저 구약에서 이스라엘이 하나님께 받은 사랑과 그에 대한 이스라엘의 응답을 살펴보면 하나님께서 이스라엘을 통해서 이룰 수 있는 하나님 나라의 한계가 보입니다.

> 그런즉 너는 오늘 위로 하늘에나 아래로 땅에 오직 여호와는 하나님 이시요 다른 신이 없는 줄을 알아 명심하고 오늘 내가 네게 명령하는 여호와의 규례와 명령을 지키라 너와 네 후손이 복을 받아 네 하나님 여호와께서 네게 주시는 땅에서 한 없이 오래 살리라(신 4:39-40)

> 네 동족 히브리 남자나 히브리 여자가 네게 팔렸다 하자 만일 여섯 해 동안 너를 섬겼거든 일곱째 해에 너는 그를 놓아 자유롭게 할 것이 요 그를 놓아 자유하게 할 때에는 빈 손으로 가게 하지 말고 네 양 무 리 중에서와 타작 마당에서와 포도주 틀에서 그에게 후히 줄지니 곧 네 하나님 여호와께서 네게 복을 주신 대로 그에게 줄지니라 너는 애 굽 땅에서 종 되었던 것과 네 하나님 여호와께서 너를 속량하셨음을 기억하라 그것으로 말미암아 내가 오늘 이같이 네게 명령하노라(신 15:12-15)

이스라엘 백성들은 자신들이 받은 만큼 그 은혜에 응답하면 됩니다. 자신들이 하나님의 놀라운 은혜로 인하여 애굽의 노예살이에서 해방되어 하나님의 복을 누리는 것처럼, 그렇게 노예가 된 동족들을 해방하여 그들도 사람답게 살 수 있는 길을 열어주어야 하는 것입니다. 이들이 애굽 땅 종 되었던 것에서 속량하신 여호와를 기억하면 이러한 세상을 만들어 갈 수 있을 것입니다.

그러나 신약시대에 십자가의 사랑을 받은 사람은 여기에서 한 걸음 더 나아가 삶의 완성을 이루어야 합니다. 예수님의 사랑을 본 받아, 그 사랑으로 "우리가 우리에게 죄 지은 자를 용서하며," 그것을 이루기 위해 기꺼이 주님의 희생과 헌신이 삶의 길이 되는 산 제물이 되는 삶을 살아가는 것입니다. 거기에 정죄가 아닌 용서의 십자가가 서고, 천국이 이루어질 것이기 때문입니다.

새 계명을 너희에게 주노니 서로 사랑하라 내가 너희를 사랑한 것 같이 너희도 서로 사랑하라 너희가 서로 사랑하면 이로써 모든 사람이 너희가 내 제자인 줄 알리라(요 13:34-35)

이 날 곧 안식 후 첫날 저녁 때에 제자들이 유대인들을 두려워하여 모인 곳의 문들을 닫았더니 예수께서 오사 가운데 서서 이르시되 너희에게 평강이 있을지어다 이 말씀을 하시고 손과 옆구리를 보이시니 제자들이 주를 보고 기뻐하더라 예수께서 또 이르시되 너희에게 평강이 있을지어다 아버지께서 나를 보내신 것 같이 나도 너희를 보내노라 이 말씀을 하시고 그들을 향하사 숨을 내쉬며 이르시되 성령을 받으라 너희가 누구의 죄든지 사하면 사하여질 것이요 누구의 죄든지 그대로 두면 그대로 있으리라 하시니라(요 20:19-23)

그러므로 형제들아 내가 하나님의 모든 자비하심으로 너희를 권하노니 너희 몸을 하나님이 기뻐하시는 거룩한 산 제물로 드리라 이는 너희가 드릴 영적 예배니라 너희는 이 세대를 본받지 말고 오직 마음을 새롭게 함으로 변화를 받아 하나님의 선하시고 기뻐하시고 온전하신 뜻이 무엇인지 분별하도록 하라(롬 12:1-2)

이 세상의 어떤 신이 자신의 백성을 살리기 위해서 이 땅에 인간의 모습으로 와서 고난을 당하고 조롱과 멸시의 십자가에 달려 생명을 내어준 바가 있었습니까? 오직 삼위일체 하나님께서 우리를 위해 그 일을 이루어주셨고, 우리는 그보다 더할 수 없는 사랑을 받은 사람들이기에 하나님 나라의 완성을 향하여 나아갈 수 있습니다. 그것이 바로 천국이 가까이 온 이유입니다. 예수님의 십자가 사랑을 받은 사람들이 진실되게 회개함으로 돌이켜 그 은혜에 바르게 응답한다면 바로 이 곳에 천국이 시작될 것입니다.

"사랑하라"는 계명은 분명 구약에도 주어진 것입니다. 그런데 왜 새 계명이라고 하시는 것일까요? 기준이 달라졌음을 알아야 합니다. 구약이 "네 이웃을 네 몸과 같이 사랑하라"레 19:18였다면, 신약의 새 계명은 사랑의 기준이 다릅니다. 바로 "내가 너희를 사랑한 것같이"입니다. 예수님께서 우리를 사랑하신 것 같이 사랑하는 것입니다. 그것은 다름 아닌 예수님께서 우리를 위하여 십자가에서 영원한 생명을 주신 것 같이 우리도 그렇게 사랑해야 한다는 것입니다. 이제는 기준이 십자가의 사랑입니다. 우리 주님의 십자가, 그 십자가가 우리를 움직이는 것입니다. 사도 바울처럼 우리 또한 주님의 십자가만 자랑하며 살아간다면 분명 세상은 달라질 것입니다.갈 6:14

　　그렇다면 왜 이러한 십자가의 사랑을 구약시대에 드러내어 경험할 수 있도록 하지 않으셨을까요? "그랬다면 더 빨리 하나님 나라가 이 땅에 실현될 수 있는 길이 열렸을 것이 아니겠습니까?"라고 반문할 수 있을 것입니다. 그 이유는 명백합니다. 하나님께서 이 땅에 오셔서 십자가를 지시고, 죄를 사해야만 한다는 것을 사람들이 이해할 수 있는 길이 준비되어야 합니다. 자신들이 원죄의 굴레 속에 있다는 것조차 이해하지 못하고, 그저 승리의 메시아만을 기다리고 있다면 하나님께서 아무리 많은 횟수만큼 오셔서 십자가를 지실지라도 깨닫지 못할 것입니다. 구약성경이라는 징검다리가 다 놓여서 그 안에 이 땅에 오실 하나님께서 어떤 역사를 이루실 것인지에 대한 청사진이 주어져야 사람들은 그

청사진을 통해 메시아를 알아볼 것입니다.[사53장] 그리고 그 메시아를 통해 이루실 일이 무엇인지도 짐작케 될 것이며, 믿음으로 나아가게 될 것입니다. 그 모든 과정들을 다 거친 후에 마침내 때가 차고 하나님께서 이 땅에 오신 것입니다.

> 때가 차매 하나님이 그 아들을 보내사 여자에게서 나게 하시고 율법 아래에 나게 하신 것은 율법 아래에 있는 자들을 속량하시고 우리로 아들의 명분을 얻게 하려 하심이라(갈 4:4-5)

이렇게 예수 그리스도를 통하여 죄로부터의 구원이 일어났고, 우리가 하나님의 자녀가 되는 놀라운 역사가 이루어졌습니다. 이제 하나님의 자녀가 된 우리들을 통하여 기대하시는 하나님 나라는 도대체 어떤 나라인가를 살펴볼 때가 되었습니다.

2) 에덴의 회복과 완성으로(구약으로)

예수님께서는 산상수훈의 법을 주시며 구약의 율법을 폐하러 오신 것이 아니라 완전하게 하러 왔다고 하셨습니다.[마5:17] 그리고 몇 가지의 예를 통해 구약 율법을 완전하게 하는 것이 어떤 것인지를 보여주십니다.

옛 사람에게 말한 바 살인하지 말라 누구든지 살인하면 심판을 받게
되리라 하였다는 것을 너희가 들었으나 나는 너희에게 이르노니 형제
에게 노하는 자마다 심판을 받게 되고 형제를 대하여 라가라 하는 자
는 공회에 잡혀가게 되고 미련한 놈이라 하는 자는 지옥 불에 들어가
게 되리라(마 5:21-22)

또 간음하지 말라 하였다는 것을 너희가 들었으나 나는 너희에게 이
르노니 음욕을 품고 여자를 보는 자마다 마음에 이미 간음하였느니라
(마 5:27-28)

또 옛 사람에게 말한 바 헛 맹세를 하지 말고 네 맹세한 것을 주께 지
키라 하였다는 것을 너희가 들었으나 나는 너희에게 이르노니 도무지
맹세하지 말지니 하늘로도 하지 말라 이는 하나님의 보좌임이요(마
5:33-34)

또 눈은 눈으로, 이는 이로 갚으라 하였다는 것을 너희가 들었으나 나
는 너희에게 이르노니 악한 자를 대적하지 말라 누구든지 네 오른편
뺨을 치거든 왼편도 돌려 대며 또 너를 고발하여 속옷을 가지고자 하
는 자에게 겉옷까지도 가지게 하며 또 누구든지 너로 억지로 오 리를
가게 하거든 그 사람과 십 리를 동행하고 네게 구하는 자에게 주며 네
게 꾸고자 하는 자에게 거절하지 말라(마 5:38-42)

또 네 이웃을 사랑하고 네 원수를 미워하라 하였다는 것을 너희가 들었으나 나는 너희에게 이르노니 너희 원수를 사랑하며 너희를 박해하는 자를 위하여 기도하라(마 5:43-44)

이렇게 예수님께서는 구약의 율법을 완전하게 승화시켜주고 있습니다. 이를 통해 구약 율법은 완전한 것이 아니라는 것을 느낄 수 있습니다. 하나님께서 주신 법이 완전하지 않다는 것은 문제를 유발할 수도 있습니다. 왜냐하면 완전하지 않은 법을 주시는 신이라면 자칫 하나님도 완전하지 않다는 오해를 불러일으킬 수 있기 때문입니다. 그러나 구약시대에 하나님께서 완전하지 않은 법을 주실 수밖에 없었던 것은 하나님의 불완전함 때문이 아니라, 사람들의 불완전함 때문임을 알아야 합니다. 인간 삶에 법이라는 것이 가세하게 된 것부터가 인간의 죄 때문입니다.롬7:7-8 인간이 에덴동산에서 불순종의 죄악으로 인해 완악해졌기에 그 완악함에 한계를 정해주고, 더 악한 길로 나가지 않게 하기 위한 목적으로 법이라는 것이 주어진 것입니다. 그러므로 구약의 법은 구원을 위한 것이 아니라, 사람의 상태를 더 나빠지지 않게 하기 위한 방어막의 역할인 것입니다. 언젠가 그 법의 주인께서 이 땅에 오시면 그 분께로 인도하기 위한 초등교사의 역할일 뿐인 것입니다.갈3:24-25

죄로 인해 인간이 완악해져 버려서 이로 인해 하나님의 마음을 완전하게 이 땅에서 실현할 수 있는 길은 제한을 받을 수밖에 없습니다. 그 구체적인 예를 예수님과 바리새인들이 벌인 구약의 이혼법을 둘러싼 논쟁에서 살펴볼 수 있습니다. 예수님께서 병을 고치시는 중에 바리새인들이 예수님께 와서 시험하기 위해 질문을 합니다. 그 질문인 즉은 "사람이 어떤 이유가 있으면 그 아내를 버리는 것이 옳으냐?"는 것입니다.^{마 19:3} 예수님께서는 일언지하에 창세기의 에덴동산에서 아담과 하와에게 주신 말씀을 인용하시며 응답하십니다.

> 예수께서 대답하여 이르시되 사람을 지으신 이가 본래 그들을 남자와 여자로 지으시고 말씀하시기를 그러므로 사람이 그 부모를 떠나서 아내에게 합하여 그 둘이 한몸이 될지니라 하신 것을 읽지 못하였느냐 그런즉 이제 둘이 아니요 한몸이니 그러므로 하나님이 짝지어 주신 것을 사람이 나누지 못할지니라 하시니(마 19:4-6)

하나님의 말씀임에도 이들은 승복하지 않고 모세의 법을 운운하며 "그럼 왜 모세는 이혼 증서를 주어서 버리라고 하였냐?"^{신 24:1-4}고 응수합니다. 그때 예수님께서는 그 이유를 단호하게 설명하십니다.

예수께서 이르시되 모세가 너희 마음의 완악함 때문에 아내 버림을
허락하였거니와 본래는 그렇지 아니하니라(마 19:8)

"너희 마음의 완악함 때문이라"는 예수님의 말씀은 구약의 법이
완전할 수 없는 이유를 드러냅니다. 분명 이혼은 부정적인 것입니
다. 완전한 세상에서는 있어서는 안 되는 것입니다. 그러나 죄 가
운데 빠진 인생은 그러한 부정적인 것을 행할 수 있습니다. 인간
의 죄성이 해결되지 않는 한 완전한 법을 살아가는 것은 불가능하
다는 것입니다.

　　　예수님께서 신약시대에 구약의 법을 완전케 하시는 이유
는 이제 십자가의 보혈의 공로로 우리의 죄가 사해진 놀라운 은혜
의 시대를 살아가기 때문입니다. 예수님께서는 모세가 그렇게 한
것은 그 때는 "너희 마음의 완악함 때문에 아내 버림을 허락하였
거니와 본래는 그렇지 않다"고 하십니다. 그리고 음행한 연고 없
이 아내를 버리고 다른 데 장가드는 자는 이미 간음한 것이라고
말씀하십니다.[마19:9] 여기서 초점을 맞추어야 할 것은 "본래[ἀπ' ἀρχῆς 아
포 아르헤스]는 그렇지 않다"는 표현입니다. 그 '본래'는 언제를 말씀하
시는 것일까요? 그것은 동일한 표현이 나타나는 곳인 "사람을 지
으신 이가 본래[ἀπ' ἀρχῆς 아포 아르헤스]그들을 남자와 여자로 지으시고 그
부모를 떠나 한몸이 될지니라 하셨느니라 그런즉 한몸이니 하나

님이 짝지어주신 것을 사람이 나눌 수 없느니라"는 선언에서 드러납니다. 창세기 2장의 에덴동산에서 하나님께서 계획하셨던 그 뜻이 예수님을 통해 이루어지고 있는 것입니다. 그렇다면 예수님께서 구약의 법을 완전하게 하신다는 것은 곧 '본래'로 돌아가게 하려는 것임을 알 수 있습니다. 즉, 원래 의도하셨던 세상을 만들기 위해 더 나은 길을 제시하시는 것입니다. 그래서 예수님께서는 산상수훈의 완전하게 승화된 법을 주시며 "너희 의가 서기관과 바리새인보다 더 낫지 못하면 결코 천국에 들어가지 못하리라"마 5:20 고 못을 박으십니다. 구약의 시내산의 율법은 곧 에덴으로 돌아가는 길을 여는 시작점이며, 언젠가 에덴을 이룰 수 있는 길이 활짝 열릴 그 날을 또한 기다리고 있었던 것입니다. 그리고 예수님께서 에덴을 이루는 완성을 우리에게 보여주셨습니다. 바로 예수님의 삶과 십자가에서의 죽음이 에덴으로 돌아가는 완전한 길을 여는 것입니다. 이것은 태초의 상태로 되돌아가는 것입니다. 예수님께서는 하나님께서 의도하신 본래의 계획을 이루시기 위해 오신 것입니다. 인간의 죄 때문에 끼어든 모세의 법도 넘어서는 본래의 상태를 회복하기 위함인 것입니다.

이렇게 본래의 상태로 되돌리기 위해서 반드시 필요한 것이 바로 십자가였습니다. 인간의 죄성으로 인한 완악함을 제거하는 것은 주어진 율법으로 이룰 수 있는 것이 아니라, 예수 그리스도의 십자가 보혈로밖에는 안 됩니다. 완전하게 함에 걸림돌은 죄였고, 죄의 해결은 예수 그리스도의 대속의 죽음밖에 길이 없기 때문입니다. 그러므로 십자가는 끝이 아니라, 새로운 시작점임을 깨닫게 합니다. 본래로 다시 돌아가 새 출발을 하는 것입니다. 그러므로 그 나라를 이루는 방법은 반드시 정죄나 심판을 통해서가 아니라 예수 그리스도의 십자가 용서의 사랑으로 이루어야 합니다. 우리 그리스도인들이 따라가야 할 삶의 본은 십자가를 지신 예수님입니다. 구약적인 방법으로 칼을 빼들었던 베드로가 십자가를 지시고 부활하신 예수님을 만난 후에 이 세상에 흩어져 살아가는 나그네인 그리스도인들을 향해 권면한 말은 우리 모두가 새겨야 할 내용입니다.

부당하게 고난을 받아도 하나님을 생각함으로 슬픔을 참으면 이는 아름다우나 죄가 있어 매를 맞고 참으면 무슨 칭찬이 있으리요 그러나 선을 행함으로 고난을 받고 참으면 이는 하나님 앞에 아름다우니라 이를 위하여 너희가 부르심을 받았으니 그리스도도 너희를 위하여 고난을 받으사 너희에게 본을 끼쳐 그 자취를 따라오게 하려 하셨느니라 그는 죄를 범하지 아니하시고 그 입에 거짓도 없으시며 욕을 당하시되 맞대어 욕하지 아니하시고 고난을 당하시되 위협하지 아니하시고 오직 공의로 심판하시는 이에게 부탁하시며 친히 나무에 달려 그 몸으로 우리 죄를 담당하셨으니 이는 우리로 죄에 대하여 죽고 의에 대하여 살게 하려 하심이라 그가 채찍에 맞음으로 너희는 나음을 얻었나니 너희가 전에는 양과 같이 길을 잃었더니 이제는 너희 영혼의 목자와 감독 되신 이에게 돌아왔느니라(벧전 2:19-25)

지금 정치, 사회, 종교적으로 이념과 사상의 차이로 갈라져 극렬하게 대립되고 있는 이 시대에 그리스도인으로서 반드시 따라야 할 말씀입니다. 잘못된 것에 대해 시위를 하되 힘을 앞세운 위협이 아니고, 날아오는 모든 비난과 욕에 결코 맞대응하지 않고, 묵묵히 받으며 그리스도의 사랑으로 품고, 공의를 이루실 하나님께 맡기는 것입니다. 그곳에서부터 에덴이 회복될 것입니다.

이처럼 하나님께서 예수님을 통해 이루고자 하시는 것은 완전하게 하는 것이며, 그리스도인들이 그런 세상을 이루기를 소망하시는 것입니다. 바로 죄가 인간 삶에 끼어들기 전의 세상인 것입니다. 이런 본래의 상태를 회복하기 위해 기나긴 기다림의 세월이 필요했습니다. 모세를 통해 주신 법으로 하나님의 백성을 이루어 놓으시고 마침내 십자가의 구속을 통해 모든 것이 하나님께서 뜻하셨던 본래의 세상으로 돌아가는 것을 꿈꾸신 것입니다. 이것이 십자가 대속의 위력이며 효과인 것입니다.

창 1-2장	창 3장 - 예수 그리스도	예수 그리스도의 십자가와 그 이후
천지창조 에덴동산	인간 – 죄에 속한 삶	죄사함 성취
죄가 없던 본래의 상태	죄성으로 완악한 시절	본래의 상태로 가기 위해 완전하게 된 법

⇧ ⇩

⇐⇐⇐⇐⇐⇐⇐⇐⇐⇐⇐⇐⇐⇐⇐⇐⇐⇐

그러므로 산상수훈의 법은 죄가 없던
본래의 상태의 인류가 지켜야 할 삶의 길인 것이며,
그리스도인들이 이루어야 할 삶의 방식인 것입니다.

이렇게 신약에서 예수 그리스도의 십자가로 성취된 완전한 속죄의 제사는 죄가 더 이상 위력을 발휘할 수 없는 삶을 가능케 했습니다. 그리고 죄사함은 그 자체가 목적이 아니라 나아가야 할 방향이 있음을 알려주고 있습니다. 그것은 다름 아닌 하나님께서 본래 계획하셨던 뜻을 향하여 돌아가는 것입니다. 그리고 거기에서부터 새롭게 시작하는 것입니다. 그것은 곧 에덴의 완성인 천국을 이 땅에서부터 이루어가는 것입니다. 우리의 힘은 미약하지만 이미 십자가에서 승리하시고 부활하신 예수 그리스도께서 보혜사 성령으로 내주하시면 됩니다. 이를 통해 구약은 신약에서 성취되고, 신약은 구약으로 돌아가 다시 출발할 수 있게 해 줍니다. 구약과 신약의 이런 유기적인 연합과 조화가 이루어질 때 우리는 그리스도인으로서 이 땅에서 원죄의 벽을 뚫고 한몸 된 하나님 나라를 꿈꾸는 것이 가능해지는 것입니다.

제 2 장

원죄인가, 첫 죄인가?

ORIGINAL SIN OR FIRST SIN?

'원죄'에 관해서는 아직도 그리스도인들 사이에서도 의견이 분분합니다. 사람의 논리와 개념으로는 도저히 납득할 수 없는 것이 바로 원죄에 대한 내용일 것입니다. 어떻게 과거 언제인지도 모르는 시절에 살았던 한 사람의 범죄가 21세기 오늘을 살아가는 우리에게까지 연결되어 죄인이라고 정죄하는지에 대해서 이해할 수 없기 때문입니다. 바울은 이 원죄에 대하여 "한 사람의 범죄로 많은 사람이 정죄에 이르렀다" 그리고 "한 사람이 순종하지 아니함으로 많은 사람이 죄인 되었다"**롬 5:18-19**라고 단언합니다. 여기서 "한 사람의 범죄로 많은 사람이 죄를 지었다"는 원죄에 대하여 크게 두 가지 정도의 의견이 제시됩니다. 먼저 아담이 죄를 저지를 때 모든 사람이 죄를 저지른 것이라고 인정하는 측과 그것을 인정할 수 없어서 아담의 죄를 첫 죄로 하고 그 이후의 사람들도 동일한 죄를 저질렀다는 의견으로 양분되는 것입니다.[1] 전자는 아담이 죄를 지을 때 모든 사람이 함께 죄를 지었다는 '원죄'*original sin*의 개념으로 받아들이는 사람들이며, 후자는 아담이 저지른 죄와 같이 모든 사람들이 동일한 죄를 저질렀다는 견해로 '원죄'라기 보다는 죄의 시작점인 '첫 죄'*first sin*로 보는 사람들인 것입니다.

이 두 견해에서 한 사람의 죄가 모든 사람의 죄라는 원죄 개념에서 탈피하여 가장 먼저 저질러진 죄이며 그 뒤를 다른 사람들 또한 동일하게 따르고 있다는 의견은 일견 논리성과 합리성을 주장하는 사람들에게는 공평하고 합당하게 들릴 수 있습니다. 하지만 이 견해는 예수 그리스도의 십자가 대속을 신앙의 바탕으로 하는 기독교의 근간을 뒤흔드는 모순을 담고 있습니다. 만약 아담과 동일한 죄를 모든 사람들이 지었기에 모든 사람이 죄에 빠진 것이라면, 율법의 잣대가 적용되지 않는 10세 미만의 미성년은 아직 죄인이라 할 수 없을 것입니다. 특히 태중에 있는 태아들과 갓 태어난 젖먹이 아이들은 아직 아담과 같은 죄를 저지를 기회조차 갖지 못했으니 그들은 죄가 없는 것이 됩니다. 그렇다면 그리스도의 피가 모든 사람의 죄를 사하고 구원의 길로 가게 하였다는 것에 모순점을 제공합니다. "모든 사람이 죄를 범하였으매 하나님의 영광에 이르지 못하더니"*롬 3:23*라는 말도 '모든 사람'에 태아와 어린

아이들은 제외하고라는 수식어가 따라붙어야 할 것입니다. 만약 그렇게 되면 태아부터 법의 구속을 받지 않는 10세 미만의 아이들은 그리스도의 은혜의 수혜가 필요 없는 존재가 됨으로 모든 사람에게 동일하게 부여되는 구원론에 문제가 제기되는 것입니다. 즉 이들에게는 예수 그리스도의 십자가 보혈의 구원이 필요 없는 것이 되기 때문입니다. 그리고 인간의 죄를 판별하는 율법이 없을 때인 아담부터 모세까지도 죄의 결과인 죽음이 왕노릇하는 것도 모순이 될 수 있습니다.롬5:13-14 태아가 죽고, 아이들이 죽는 일 또한 의문이 될 수 있습니다. 노아 홍수 때와 소돔과 고모라와 같이 하나님의 뜻을 극악하게 벗어난 존재들이 죄로 심판을 받은 것은 이해가 되나 그와 같은 죄를 짓지 않은 사람들에게도 동일하게 죄의 결과인 죽음이 왔다는 것은 납득하기 힘든 상황이 됩니다. 그 예로 아브라함도, 이삭도, 요셉도 죽었다는 사실입니다. 그러므로 아담이 죄를 지을 때 모든 사람이 포함된다는 원죄 개념을 벗어나, 아담의 죄를 필두로 모든 사람들이 동일한 죄에 빠졌다는 첫 죄 개념을 주장하기에는 분명히 문제가 있음을 알 수 있습니다.

　　이와는 약간 다른 개념이지만 첫 사람 아담의 죄가 그 다음 대로 유전된다는 의미로 원죄를 이해하는 경우도 있습니다. 만약 죄가 유전되는 것이라면 더욱 심각한 것은 모든 죄가 계속해서 유전됨으로 세대가 더해 갈수록 그 죄는 더욱 가중될 것이란 점에서 그 폐해는 뒷세대들이 고스란히 떠안게 되는 안타까운 상황이 벌어질 것입니다. 원죄만 유전되고 그 다음부터 저지르는 실행죄는 유전되지 않는다고 볼 수 없기 때문입니다. 그리고 성경 속에 주어진 하나님의 말씀과 충돌이 벌어진다는 점에서도 문제가 제기 됩니다.

아버지는 그 자식들로 말미암아 죽임을 당하지 않을 것이요 자식들은 그 아버지로 말미암아 죽임을 당하지 않을 것이니 각 사람은 자기 죄로 말미암아 죽임을 당할 것이니라(신 24:16)

그 때에 그들이 말하기를 다시는 아버지가 신 포도를 먹었으므로 아들들의 이가 시다 하지 아니하겠고 신 포도를 먹는 자마다 그의 이가 신 것 같이 누구나 자기의 죄악으로 말미암아 죽으리라(렘 31:29-30; 겔 18:2-4)

이 말씀들을 통해 분명하게 알 수 있는 것은 죄가 유전되지 않는다는 사실입니다. 하나님께서는 죄를 다음대로 유전시킬 의도를 갖고 있지 않으시다는 것을 거듭 선포하십니다. 그렇다면 이제 아담이 죄를 지을 때 모든 사람이 죄를 지었다는 것이 어떤 의미이며, 그 의미 속에서 하나님께서 뜻하신 바는 무엇인가를 알아보는 것이 원죄 개념을 이해하는 지름길이 될 것입니다.

1. 원죄의 기원과 의미

고대의 한 사람, 설사 그 사람이 모든 인류의 기원이 되는 조상일지라도 그 사람의 죄로 인해 모든 사람이 죄에 빠졌다는 원죄 개념은 요즘의 개인주의화된 세상에서는 상당히 곤혹스러운 주장일 것입니다. 그럼에도 우리에게는 생각하고 판단할 수 있는 분명한 기준이 있습니다. 비록 우리가 르네상스, 계몽주의, 산업혁명 그리고 근대의 과학혁명을 거쳐 근대 이후의 인간 중심의 사고가 주류가 된 포스트모던 시대라 하는 21세기를 살아가고 있지만 우리에게는 현대 문화가 기준이 아니라, 하나님의 말씀이 기준입니다. 인간이 만들어내는 문화라는 것은 시간에 따라 바뀌며, 시대에 따라 그 색깔을 달리하는 팔색조 같은 것입니다. 그리고 그 문화라는 것도 각 나라마다 차이가 있어서 어디를 어떻게 따라가야 할지에 대해서도 정해진 답이 없습니다. 가장 주요한 원칙은 다수와 힘의 원리가 작용되어 영향력을 행사한다는 것이라 할 수 있습니다.

원죄 개념을 이해하기 위해서는 지금 현재 우리가 당면해 있는 문화 속에서는 결코 답을 찾아갈 수 없습니다. 현재의 문화로 원죄를 이해하려고 한다면 오히려 원죄 개념을 폐기하는 쪽으로 갈 수밖에 없을 것입니다. 왜냐하면 이 시대에 아무도 다른 사람의 죄로 인해 고통 받고 싶은 사람은 없을 것이기 때문입니다. 특히나 현재와 같이 개인주의 의식이 팽배해 있는 세상에서는 더욱 그러할 것입니다. 때로 어쩔 수 없는 상황에 부딪쳤을 때 자식을 위하여 혹은 배우자나 부모를 위하여 기꺼이 죄를 짊어지는 경우는 있을 수 있지만 대부분 피붙이 가족에 국한될 때가 많습니다. 그러므로 원죄 개념을 이해하기 위해서는 성경으로 돌아가고, 그 죄가 발생했던 상황으로 돌아가서 하나님께로 나아가야 그 의미가 드러날 것입니다. 이는 곧 사람에게는 답이 없고, 하나님께 답이 있음을 의미합니다. 우리의 사상과 문화에서 성경 속으로 그리고 성경의 시작점으로 돌아가서 그 때의 사람들을 만나야 하며 그 사람들을 창조하신 하나님까지 거슬러 올라가야 원죄 개념이 발생된 원인을 찾아볼 수 있을 것입니다.

원죄의 기원은 역시 한 사람 아담으로 거슬러 올라갑니다. 하나님께서 인간을 창조하실 때에 "남자와 여자를 창조하셨다"라고 합니다.[창1:27] 그러나 남자와 여자를 한꺼번에 다수를 만드셨다고 하지는 않습니다. 만약 남자와 여자 다수를 한꺼번에 많이 창조하셔서 이 땅에 있게 하셨다면 원죄 개념 자체가 성립이 되지 않을 것입니다. 왜냐하면 그 중에는 죄를 짓는 사람도 있고, 아닌 사람도 있을 것이기 때문입니다. 원죄 개념은 인류가 한 사람으로부터 탄생되었다는 것이 성립될 때 가능해지는 원칙입니다. 그리고 그 속에 하나님의 깊은 뜻이 들어가 있습니다.

하나님께서는 인류의 시작을 한 사람 아담으로 출발하게 하셨습니다. 수많은 사람으로 시작을 하셨으면 오히려 더욱 빠르게 하나님의 뜻을 이루어갈 수 있는 길이 열렸을 것이고 혹시 몇몇이 실패하고 도태될지라도 다른 사람들이 충분히 뜻을 이뤄갈 수 있을 터인데 그렇게 하지 않으셨습니다. 한 사람 아담을 창조하시고 그로부터 모든 인류가 퍼져나가게 하셨습니다. 그 속에는 어떤 의미가 들어가 있을까요? 하나님께서 속도보다 더욱 중요하게 여기신 것이 있음을 짐작케 합니다. 아담을 창조하시고, 그가 독처하는 것이 좋지 않다 여기시며 여자를 창조하시는데 아담의 몸에서 갈빗대를 취하여 여자를 만드십니다. 이 속에 들어가 있는 중요한 의미, 즉 정신이 있습니다. 모든 인간은 한 몸에서 나왔다는 것입니다. 그러므로 이 속에는 모두는 '하나'라는 의미가 들어 있습니다. 탈무드는 하나님께서 인류를 한 사람으로 시작케 하신 이유에 대하여 사람들이 서로 자기 조상의 이름을 내세우며 우월하다고 싸우며 분열되는 것을 방지하려는 의도라고 전하고 있습니다.^{Sanhedrin 38a} 이 속에도 역시 하나이니 그 하나를 파괴하는 행위는 반드시 피해야 한다는 것을 강조하는 것이라 볼 수 있습니다.

이렇게 인류는 아담이라는 한 사람으로 인해 이 세상에 탄생됩니다. 이는 곧 모든 인류가 한 몸이라는 것을 의미하는 것입니다. 그리고 이것이 하나님께서 한 사람 아담으로부터 인류를 탄생시키신 의도가 될 것입니다. 서로 나라나 인종, 언어, 문화와 사상, 종교 등으로 갈라져 나가는 것이 아니라, 모두가 하나되어 한 몸 의식으로 연합된 공동체를 기대하신 것입니다. 그리고 이렇게 한 몸 의식을 가지고 하나님 한 분과 연결된 삶을 살아가기를 소망하신 것입니다. 한 사람 아담이 하나님께서 창조하신 최초의 사람이니 분명 하나님과 하나 되는 관계를 가지고 있어야 바른 삶을 영위할 것입니다. 나무가 땅이라는 터전에 뿌리박혀 있어야 하고, 물고기가 물에서 떠나지 말아야 하듯이 그렇게 인간은 하나님 안에 거해야 하는 것입니다. 그것이 곧 생명이며, 삶이기 때문입니다. 나무가 땅에서 뽑히고, 물고기가 물 밖으로 튀어나오는 순간 생명에서 죽음으로 진행되어 갈 것입니다. 한 사람 아담으로부터 인류가 탄생되었다면 아담과 하나님의 관계는 곧 하나님과 인류의 관계를 의미하는 것입니다. 그러므로 하나님께서 태초에 인간을 한 사람으로 창조하신 것은 다름 아닌 관계성에 대한 강조점이 주어져 있는 것입니다. 아담 한 명을 창조하시고 그로부터 여자를 비롯하여 모든 인류를 탄생시킨 것은 모두가 한 몸이라는 것이며, 그 한 몸인 인간은 하나님으로부터 유래되었기에 하나님과 밀접하게 연결되어 있어야만 살 수 있는 존재라는 사실을 증거하는 것입니다. 그러므로 인간은 하나님과 하나로 연결되어 있는 관계성을 지켜야 하며, 그 하나님과의 관계성이 지켜질 때 모든 인류가 한 몸이라는 분명한 의식을 가지고 생활하며 유익을 얻을 수 있습니다. 왜냐하면 한 몸은 모든 것을 공유하기 때문입니다. 이렇게 인간은 하나로 연대하고, 결속되어 한 몸을 이루어 하나님을 향한 예배를 행할 때 최고의 가치를 발휘한다는 것이 창조의 의도 속에 들어 있는 것입니다. 시편의 끝인 150편은 "호흡이 있는 자마다 여호와를 찬양할지어다"[150:6]로 그 최종적인 결론에 이릅니다. 창조된 인간이 한 몸으로 연대하여 마침내 이루어야 할 것이 바로 이러한 결론이라는 것을 보여주는 것입니다.

그런데 그 관계성이 깨지는 순간이 옵니다. 바로 선악과 사건입니다. 하나님으로부터 기원되었기에 하나님의 말씀과 뜻을 따라 살아가야 함에도 불구하고 하나님의 반대자이며 대적자인 뱀, 즉 사탄의 말을 따라 하나님의 뜻을 버립니다. 하나님의 뜻을 버렸다는 것은 곧 하나님과의 관계를 끊었다는 것을 의미합니다. 인간이 자신을 하나님께로부터 끊어내고 스스로 존재하는 것으로 나아갑니다. 그리고 그 이후 사람들과의 관계 또한 깨어집니다. "내가 내 아우를 지키는 자입니까?"[창4:9]라는 가인의 항변은 사람과의 관계가 끊어진 것을 의미합니다. 이러한 원죄 전에는 인간이 하나님과 하나로 연결되어 있었고, 사람들과도 하나 되어 있었습니다. 이렇게 죄는 하나 된 관계를 다 파괴합니다. 이러한 관계성에 대한 인식은 곧 원죄 안에는 하나님과의 관계가 단절된 것과 더불어 사람과의 관계가 단절된 것까지도 포괄하는 내용이 포함된다는 것을 인식케 합니다. 이렇게 원죄는 하나님으로부터의 소외, 이웃으로부터의 소외를 가져오고 마침내는 진정한 인간 자아의 상실을 가져옵니다.[2] 이는 곧 모든 연대와 결속이 깨어지고 혼자만 덩그러니 남아 있는 소외된 인간의 모습입니다. 그러므로 "내가 죄를 저지르지 않았으니 원죄의 죄에 포함되지 않는다"는 선포 또한 원죄의 증상일 뿐입니다. 왜냐하면 이 또한 인류가 하나 된 관계성에 대한 인식 자체를 부인하는 것이니 원죄로 인한 결과라 할 수 있기 때문입니다. 인간이 하나님 없이 자신 스스로 살 수 있다고 큰소리치는 것 자체가 바로 원죄의 증상이며, 다른 동료 인간을 향한 애정이 상실되었다는 것 또한 원죄의 증상인 것입니다.

이러한 관계의 단절로 인하여 발생하는 구체적인 증상들이 그 다음에 벌어지는 자범죄라고도 하는 실행죄들입니다.

하나님을 알되 하나님을 영화롭게도 아니하며 감사하지도 아니하고 오히려 그 생각이 허망하여지며 미련한 마음이 어두워졌나니 스스로 지혜 있다 하나 어리석게 되어 썩어지지 아니하는 하나님의 영광을 썩어질 사람과 새와 짐승과 기어다니는 동물 모양의 우상으로 바꾸었느니라(롬 1:21-23)

먼저 하나님이 아닌 우상을 만들어 섬기는 증상들로 드러나기 시작합니다. 그리고 이러한 증상들은 대인 관계에서도 심각하게 파괴적인 모습으로 그 실체가 나타납니다.

이 때문에 하나님께서 그들을 부끄러운 욕심에 내버려 두셨으니 곧 그들의 여자들도 순리대로 쓸 것을 바꾸어 역리로 쓰며 그와 같이 남자들도 순리대로 여자 쓰기를 버리고 서로 향하여 음욕이 불 일듯 하매 남자가 남자와 더불어 부끄러운 일을 행하여 그들의 그릇됨에 상당한 보응을 그들 자신이 받았느니라 또한 그들이 마음에 하나님 두기를 싫어하매 하나님께서 그들을 그 상실한 마음대로 내버려 두사 합당하지 못한 일을 하게 하셨으니 곧 모든 불의, 추악, 탐욕, 악의가 가득한 자요 시기, 살인, 분쟁, 사기, 악독이 가득한 자요 수군수군하는 자요 비방하는 자요 하나님께서 미워하시는 자요 능욕하는 자요 교만한 자요 자랑하는 자요 악을 도모하는 자요 부모를 거역하는 자요 우매한 자요 배약하는 자요 무정한 자요 무자비한 자라(롬 1:26-31)

삶에서 발생하는 이와 같은 실행죄들은 아무리 없앤다고 해도 결코 사라지지 않을 것입니다. 이러한 증상들은 원죄라는 관계의 단절이 해결되어 다시 연결되지 않는 한 인간의 삶을 물고늘어질 것입니다. 한몸 의식이 회복되지 않는 한 하나님을 향한 공격과 동료 인간을 향한 공격은 결코 멈춰지지 않을 것이기 때문입니다.

이처럼 원죄는 인류를 한 사람으로 시작케 하신 한몸 의식에서 출발합니다. 인류 전체가 한몸으로 하나님과 연결되어 있다는 그 관계성이 원죄의 기원을 가능케 한 것입니다. 결국 원죄는 인간이 하나님을 벗어나 스스로 존재하려고 관계를 끊는 것과 동료 인간을 향한 한 몸의 관계를 부인하는 것 그 자체입니다. 그러므로 원죄는 그 어느 것도 아닌 관계의 단절입니다.

2. 원죄와 관계성의 상관관계

원죄가 어느 특정한 죄를 상술하고자 하는 것에 관련된 것이 아니라 관계성의 상실에 있다는 것을 살펴보았습니다. 하나님과의 하나됨과 사람들과의 하나됨에 치명적인 균열을 가져와 관계성이 산산이 파괴되는 것이 바로 원죄라는 것입니다. 만약 어떤 특정한 죄가 원죄라고 한다면 이스라엘 백성에게는 상당히 곤혹스런 문제가 발생합니다. 율법이 주어지기 전에 죄를 죄로 판별할 수 있는 시금석이 있을까라는 의구심 때문입니다. 그리고 아담의 범죄는 분명히 율법이 주어지기 전에 일어난 일입니다. 죄라는 분명한 지적은 율법에 비추어서 판명할 수 있다는 점에서 율법이 있기 전에는 죄를 죄로 여기지 못한다는 것을 알 수 있습니다.**롬 5:13** 그러나 아담의 범죄 이후로 율법이 주어지기 전에도 죽음은 계속하여 왕

노릇 하였다는 것은 사실입니다. 그러므로 아담의 범죄는 하나님과의 관계성의 차이에서 오는 것이라 할 수 있습니다.

아담이 저지른 범죄로 말미암아 사망이 왕노릇하게 되었고, 인간은 사망 안에 속하게 된 것입니다. 이 사망의 죄는 아담 이후의 모든 사람들에게 공통적으로 벗어날 수 없는 것이 되었습니다. 만약 율법으로 인한 죄라면 이스라엘을 애굽으로부터 구원하신 후에 하나님께서 이스라엘 중심에 거하시기 위해 성막을 건축하실 필요가 없으실 것입니다. 왜냐하면 아직 이스라엘이 율법에 대한 반역을 저지르지 않았기에 죄라 할 것이 없기 때문입니다. 그러나 하나님께서는 지성소 안에 거하실 수밖에 없고, 이스라엘은 하나님을 볼 수가 없습니다. 그것은 율법이 주어지기 전에 이미 하나님과의 관계가 파괴된 상태임을 여실히 드러내는 것입니다. 그리고 이스라엘은 해마다 7월 10일이 되면 대속죄일 의식을 치릅니다. 대속죄일에는 이스라엘 진영의 모든 죄와 성막의 오염들이 모두 씻겨지는 정결한 날이 됩니다. 즉 이스라엘 안에 어떤 죄도 부정도 남지 않고 모조리 다 깨끗하게 씻기고 제거되는 날인 것입니다. 그럼에도 하나님은 지성소 밖으로 자신의 모습을 계시하지 않으십니다. 이렇게 이스라엘의 죄와 부정이 다 사라졌음에도 하나님께서 지성소 밖으로 자신의 모습을 드러내지 않으신다는 것은 원죄가 있다는 것을 증명해 주는 것입니다. 이스라엘이 율법에 비추어 대속죄일에 모든 죄와 부정을 다 씻어냈을지라도 아직 아담으로 인한 원죄라는 관계의 파괴가 남아 있기에 그것이 해결되지 않는 한은 하나님께서 자신의 모습을 이스라엘에게 드러내실 수 없다는 것입니다. 그 원죄에 대한 관계의 파괴는 또 다른 무흠한 생명이 바쳐져야 회복의 길로 가는 것입니다. 그것을 예수 그리스도께서 이루신 것입니다.

　　　　이와 같이 인류의 원죄는 아담의 죄를 그 다음 사람도 똑같이 저지르게 된 첫 죄 개념이 아니며, 그 후손에 유전되는 성질의 것도 아니라는 것을 알 수 있습니다. 왜냐하면 첫 죄라면, 아직 이스라엘이 아담과 동일한 죄를 짓기 전이라면 하나님은 자신의 모습을 이스라엘에게 숨기실 필요가 없을 것이며, 유전되는 것이라면 대속죄일에 선조들의 죄와 부정까지 씻겨나갈 때 그 때 그 아담의 죄도 씻겨져야 할 것입니다. 그러나 그 원죄는 언제나 남아 있습니다. 그 이유는 그 죄가 저질러지는 그 순간에 하나님과 인간의 관계가 파괴된 것이며, 인간은 하나님에게서 사탄적에게로 주권이 옮겨졌으며, 이는 곧 생명에서 사망으로 옮겨진 것이 됩니다. 이러한 관계성의 반전은 성경의 곳곳에서 확증되고 있습니다.

　　　　먼저 바울은 자신의 회심에 대한 사실을 아그립바 왕 앞에서 간증하며 자신을 구원하신 예수 그리스도의 뜻이 무엇인지를 증거합니다.

이스라엘과 이방인들에게서 내가 너를 구원하여 그들에게 보내어 그
눈을 뜨게 하여 어둠에서 빛으로, 사탄의 권세에서 하나님께로 돌아
오게 하고 죄 사함과 나를 믿어 거룩하게 된 무리 가운데서 기업을 얻
게 하리라 하더이다(행 26:17-18)

여기서 확고하게 제시되는 것이 있다면 인류의 상태라는 것입니
다. 이스라엘과 이방인의 상태는 어둠에 거해 있고, 그 어둠 속은
곧 사탄의 권세 아래 있다는 것입니다. 이는 곧 하나님과의 관계
가 끊어지고, 사탄의 세력 속에 거하고 있다는 것을 의미합니다.
원죄는 바로 이러한 관계성의 반전을 안고 있다는 것이며, 이제
예수 그리스도의 십자가로 인해 새로운 반전인 하나님께로 돌아
올 길이 활짝 열렸다는 것을 증거하는 사명임을 전하고 있습니다.
    바울은 또 그의 서신들에서 동일한 것을 전하고 있습니
다. 원죄로 인해 하나님과 원수된 관계에서 예수 그리스도의 보혈
의 공로로 마침내 화목, 즉 화해가 벌어지게 되었다는 것입니다.
그리고 이제 아들의 나라에 속하는 것을 의미하는 구원이라는 죄
사함을 받았다고 합니다.

곧 우리가 원수 되었을 때에 그의 아들의 죽으심으로 말미암아 하나
님과 화목하게 되었은즉 화목하게 된 자로서는 더욱 그의 살아나심으
로 말미암아 구원을 받을 것이니라(롬 5:10)

그가 우리를 흑암의 권세에서 건져내사 그의 사랑의 아들의 나라로 옮기셨으니 그 아들 안에서 우리가 구속 곧 죄사함을 받았느니라(골 1:13)

베드로 또한 동일한 것을 증거하고 있습니다. 원죄로 인해 죄악 가운데서 어둠 속에 거하고 있었다는 것을 전합니다. 그리고 예수 그리스도를 통하여 이제 관계의 회복이 일어나 거하는 장소가 달라졌다고 합니다.

그러나 너희는 택하신 족속이요 왕 같은 제사장들이요 거룩한 나라요 그의 소유가 된 백성이니 이는 너희를 어두운 데서 불러 내어 그의 기이한 빛에 들어가게 하신 이의 아름다운 덕을 선포하게 하려 하심이라 너희가 전에는 백성이 아니더니 이제는 하나님의 백성이요 전에는 긍휼을 얻지 못하였더니 이제는 긍휼을 얻은 자니라(벧전 2:9-10)

전에는 백성이 아니었으나, 이제는 하나님의 백성이라는 것은 곧 관계성의 극명한 차이를 드러내는 표현입니다. 전에는 원죄로 인해 사탄의 하수인이었으나, 예수 그리스도의 공로로 이제는 하나님의 백성으로 회복이 되었다는 것입니다.

이러한 상반되는 관계성을 도표로 비교하면 다음과 같습니다. 먼저 인류는 창조 때 다음과 같은 온전한 관계성을 가지고 있었습니다.

관계성	
하나님	**뱀(사탄)**
의(구원) 영생	불의(저주) 사망
연결됨 ≪=○= 인간(아담) ≠×≠≫ 관계없음	

인류의 시작에서는 사탄과 전혀 관계가 없었고, 하나님과 하나된 관계였습니다. 그러나 이 관계가 오래 지속되지 못했다는 것이 안타까운 상황입니다. 이러한 관계성을 지속시킬 때 인간은 본연의 삶을 살아갈 것이며, 가장 보람차고, 행복한 인생을 살아갈 수 있는 것입니다. 인간의 불순종은 철저한 관계의 파괴를 몰고 옵니다.

관계성	
하나님	**사탄**
의(구원) 영생	불의(저주) 사망
끊어짐 ≪≠×≠ 인간(아담) =○=≫ 연결됨	

    태초의 인간은 이렇게 하나님과의 관계를 끊고, 사탄의 세계로 발을 들여놓았습니다. 그리고 의는 불의가 되고, 예정된 영생은 사망으로 변해버렸습니다. 이러한 관계를 회복해 나가는 것이 하나님의 계획입니다. 무죄한 아담이 사망으로 떨어졌으니, 그

와 동일한 무죄한 예수 그리스도의 죽음이 속량을 이루고 끊어진 관계를 연결하는 유일한 길이 되는 것입니다. 하나님과 우리 사이에 막힌 담을 허시고 화목케 하시는 역사를 이루어주신 것입니다.

> 그는 우리의 화평이신지라 둘로 하나를 만드사 원수 된 것 곧 중간에 막힌 담을 자기 육체로 허시고 법조문으로 된 계명의 율법을 폐하셨으니 이는 이 둘로 자기 안에서 한 새 사람을 지어 화평하게 하시고 또 십자가로 이 둘을 한 몸으로 하나님과 화목하게 하려 하심이라 원수 된 것을 십자가로 소멸하시고 또 오셔서 먼 데 있는 너희에게 평안을 전하시고 가까운 데 있는 자들에게 평안을 전하셨으니(엡 2:14-17)

관계성	
하나님	**사탄**
의(구원)	불의(저주)
영생	사망
연결됨 ≪=○= 예수 그리스도 ≠×≠≫ 끊어짐	

이렇게 예수 그리스도를 통하여 완전하게 하나님과의 관계 회복이 일어났습니다. 이제 어느 누구든지 예수 그리스도의 이 보혈의 공로를 의지하는 사람은 값없이 의롭다 함을 받고, 하나님과 원수에서 화목의 관계, 즉 아들의 위치를 회복하는 것입니다. 그리고 사망에서 영생으로 옮겨지는 것입니다.

이러한 관계성의 파괴라는 심각한 상황을 인지하지 않는 유대인들은 원죄가 없다고 봅니다. 만약 원죄가 없다면 예수 그리스도의 오심 또한 필요가 없어지는 것입니다. 그래서 유대인들은 자신들의 죄를 대속해 주실 메시아가 아니라, 자신들이 하나님의 뜻을 지키며 산 것에 대한 영원한 보상을 줄 승리의 메시아를 기대하고 있는 것입니다. 왜냐하면 유대인들은 죄로부터 멀어지고, 죄를 상쇄할 율법이 주어져 있고, 그 율법으로 충분히 새 길을 걸을 수 있다고 자부하기 때문입니다. 이들에게는 원죄에 대한 인식이 없으므로 율법만으로도 충분하다는 주장이 성립되는 것입니다. 그들에게 원죄에 대한 인식이 없어지는 그 순간에 예수 그리스도의 대속의 사역도 필요가 없어지는 것입니다. 그렇게 되면 삶을 바르게 살아가기 위해서 예수 그리스도와 율법 중에 어느 쪽이 더 나을 것인가를 놓고 양자택일을 하면 되는 것입니다. 물론 유대인들은 예수 그리스도가 아닌, 율법을 택하여 살아감으로 구원에서 멀어지는 길을 걷게 되는 치명적인 결과에 이르고 말았습니다. 이것이 지금도 유대인들이 예수 그리스도를 메시아로 인정하지 않는 이유입니다. 그들은 대속의 구원자가 아니라, 승리의 구원자를 기대하고 있기 때문입니다.

　　그러나 유대인들이 자신들이 기다리는 메시아를 통해 로마의 압제로부터 혹은 세상의 위력으로부터 해방되어 더 많은 자유를 누리고, 더 풍부한 부를 쌓고, 더 나은 정의를 맛보며 이 세상에서 살아갈지라도 그것은 결코 궁극적인 구원이 될 수 없습니다.

> 인간은 창조주 하나님으로부터 소외된 자로서, 마치 생명의 대지로부터 뿌리뽑힌 나무와 같습니다. 삶의 근원인 대지로부터 뿌리 뽑힌 나무에게 아무리 물을 붓고 주사를 놓고 해도 그것이 죽어 가는 것을 근본적으로 막을 수 없습니다.[3]

예수 그리스도만이 그 끊어진 관계를 회복하고 연결시키는 유일한 화해의 길이기 때문입니다. 이러한 관계 파괴가 해결되지 않는 한 진정한 구원은 없으며, 생명의 공급도 불가능한 것입니다. 아무리 인간이 노력하여 좋은 세상을 만들려 해도 사탄과 연결된 고리가 끊어지지 않는 한 새 세상은 결코 오지 않을 것입니다. 그러므로 유대인이나, 헬라인이나, 그 어떤 민족일지라도 예수 그리스도만이 원죄의 유일한 해결책이며, 유일한 구원의 길이 되십니다.

3. 원죄에서의 회복 이후

이렇게 예수 그리스도의 보혈의 공로로 기나긴 세월 동안 인류의 발목을 잡고 있던 원죄가 해결되었습니다. 그리고 인류는 구원의 길로, 사망이 아닌 영생의 길로 나아가게 되었습니다: "그러나 이제는 너희가 죄로부터 해방되고 하나님께 종이 되어 거룩함에 이르는 열매를 맺었으니 그 마지막은 영생이라 죄의 삯은 사망이요 하나님의 은사는 그리스도 예수 우리 주 안에 있는 영생이니라."롬 6:22-23 그렇다면 "원죄가 해결되었으니 지금 이 곳에서 영생을 누려야 하지 않습니까?"라고 질문할 수 있습니다. 원죄로 인해 에덴을 상실했고, 거칠고 삭막한 세상을 살아가야 했다면 이제 그 원죄가 해결되었으니 에덴이 당장 회복되고, 죽음이 사라지고 영생을 누려야 하지 않느냐라는 반문일 수 있습니다.

그러나 사탄이 완전히 끝나지 않는 한 이 땅에서 육신을 가지고 살아가는 영생은 여러 가지 문제를 던져줍니다. 사탄은 계속해서 세상을 더욱 피폐하게 만들어 갈 것이기에 인간은 이 땅에서 질병, 고통, 눈물 등 수많은 문제를 안고 살아갈 것이기 때문입니다.계12:12 아직도 회심하지 않고 원죄 가운데 거하며 계속적인 죄를 쌓아가고 있는 사탄의 하수인이 된 사람들이 이 땅을 망치고 있습니다. 그들과 함께 어울려 사는 한 이 땅은 영생을 누리기에는 고통스런 장소가 될 것입니다. 영생은 약속되었고, 누리고 있지만 진정한 생명은 사탄 파멸 후에 이루어질 것입니다. 그러므로 우리 그리스도인들은 이 땅에서 중간기의 삶을 살아가고 있습니다. 이미 구원은 이루어졌으나, 아직 완성되지는 않은 시기를 걸어가는 것입니다. 그러나 이 땅에서 살아가는 과정 속에서도 최대한 구원의 기쁨을 지키며, 영생의 축복을 누리는 길은 분명히 있습니다. 그것은 성령의 인도하심을 따라 예수 그리스도 안에 거하는 삶입니다. 그리고 사탄이 사라지기 전에도 원죄가 해결됨으로 우리 안에 회복되는 중요한 것이 있습니다. 그것은 바로 하나님께서 태초부터 계획하셨던 인류의 한 몸 의식입니다.

4. 원죄의 해결과 한 몸 의식의 회복

아담이 저지른 원죄로 인해 하나님께서 계획하신 인류의 한 몸 의식은 철저하게 파괴의 길로 갔습니다. 하나님과의 하나된 관계가 무너지고, 사람들과의 하나된 관계 또한 심각하게 파괴되고 굴절된 것입니다. 그럼에도 기쁜 소식이 있습니다. 우리가 비록 죄로 인해 하나님으로부터 소외되고, 이웃으로부터 소외되며, 또한 우리 자신의 존재의미로부터도 소외되었다 할지라도 하나님께서 우리를 그대로 버려두지 않으신다는 사실 때문입니다.[4] 하나님께서는 이 하나 되는 관계의 파괴라는 원죄의 무거운 압박 속에 거하는 인류를 위하여 원죄가 저질러진 이후로부터 비록 완전하진 못할지라도 잠정적인 회복을 누리게 하시려 최선을 다하셨습니다. 수천 년 뒤에 이 땅에 오실 메시아 예수 그리스도를 통한 완전한 관계회복을 기대하며 비록 부분적일지언정 하나 됨의 관계회복의 맛을 볼 수 있는 길을 역사의 곳곳에서 여신 것입니다. 그 은혜는 곧 하나님의 인류를 향한 사랑이며 인류의 본질을 향한 갈망을 기대하시기 때문입니다.

그 회복의 첫 번째가 바로 노아와 그 가족을 부르시는 사건일 것입니다. 또다시 노아라는 한 사람을 통하여 인류를 탄생시키시는 것입니다. 아담이 인류의 시조이듯이 이제 노아가 바로 인류의 제2의 시조가 되는 것입니다. 인류는 그러므로 아담의 후손이면서, 또한 노아의 후손인 것입니다. 이렇게 한 사람으로 또다시 인류가 퍼져나갔다는 것은 곧 인류는 한 몸이라는 것을 느끼게 하기 위한 의도가 있으신 것입니다.

그 다음은 하나님께서 자신의 대표자인 이스라엘 백성을 세우실 때에도 아브라함이라는 한 사람을 통하여 만드십니다. 이스라엘이 하나요 한 몸이라는 것을 또다시 강조하는 것입니다. 히브리서에서 아브라함의 허리에서 레위지파는 멜기세덱에게 십일조를 바쳤다고 되어 있습니다. 이미 아브라함과 함께 후대에 태어날 레위는 십일조를 함께 바쳤다는 것입니다. 이는 곧 아브라함의 후손들은 곧 아브라함과 한 몸이라는 것을 의미합니다.[히7:9-10] 또한 하나님께서 만나를 통해 이스라엘이 율법을 지키는지, 아닌지 시험하실 때도 몇몇이 안식일에 만나를 거두러 갔음에도 이스라엘 전체를 향해 언제까지 말씀을 어길 것이냐고 질책하십니다: "일곱째 날에 백성 중 어떤 사람들이 거두러 나갔다가 얻지 못하니라 여호와께서 모세에게 이르시되 어느 때까지 너희가 내 계명과 내 율법을 지키지 아니하려느냐."출16:27-28 이는 곧 이스라엘을 하나 즉 한 몸으로 보고 있으심을 느끼게 합니다. 이와 같은 의식은 신명기에 나타난 율법의 정신에도 그대로 녹아있습니다. 십계명과 그 십계명의 실천을 강조하는 이스라엘의 핵심정신인 '쉐마 이스라엘들으라 이스라엘아' 구문에 2인칭 복수인 '너희'5:1-5, 22-33; 6:1, 14-19와 단수인 '너'신5:6-21; 6:2-13와의 혼용에 의해서도 드러납니다.

신 5장	신 6장
A. 5:1-5 너희(복수)	A. 6:1 너희(복수)
B. 5:6-21 너(단수)	B. 6:2-13 너(단수)
– 십계명	– 쉐마 이스라엘
A'. 5:22-33 너희(복수)	A'. 6:14-19 너희(복수)

하나님께서는 단지 몇 사람만이 하나님의 말씀에 순종함으로 부분적인 하나님 나라나, 소수만이 복을 누리는 세상을 기대하신 것이 아닙니다. 이스라엘 전체가 바로 이와 같은 세상을 이루기를 소망하시는 것입니다. 너와 너희라는 단수와 복수의 혼용을 통해 하나님의 백성은 결코 별개가 아니라 하나임을 강조하는 것이 분명합니다. 이는 곧 한 사람의 순종이 나라를 세울 수 있으며, 한 사

람의 범죄가 나라를 무너뜨릴 수 있다는 일체성인 것입니다.

그 구체적인 증거가 여호수아서에서 드러나는데 아간 한 개인의 죄가 공동체 전체의 심판으로 이어지는 것을 통해 확인해 볼 수 있습니다. 여호수아서에서 아간 한 사람이 여리고 성에서 전리품을 탈취하는 범죄를 저질렀을 때 하나님께서는 분명하게 이스라엘이 범죄하였다고 하십니다: "이스라엘이 범죄하여 내가 그들에게 명령한 나의 언약을 어겼으며 또한 그들이 온전히 바친 물건을 가져가고 도둑질하며 속이고 그것을 그들의 물건들 가운데에 두었느니라."[수7:11] 이로 인해 이스라엘 전체가 전쟁에서 패하는 고통을 겪었습니다. 이 또한 분명 하나님께서는 이스라엘을 한 몸으로 보고 계시다는 것을 논증해 주는 증거라 할 수 있습니다. 그리고 이 이스라엘을 통하여 인류가 하나 되는 회복의 길을 열기를 소망하시는 것입니다. 비록 사탄이 망쳐버린 세상이지만 하나님께서는 자녀들의 고통을 보시고 사랑으로 하나 되기를 바라시는 염원이 이미 구약시대부터 가득함을 살펴볼 수 있습니다.

그리고 마침내 때가 차매 하나님께서 그 아들을 보내셔서 속량하심은 우리로 자녀의 명분을 얻게 하시려는 것이며, 하나님을 아빠 아버지라 부르게 하셨다고 합니다.[갈4:4-6] 예수 그리스도를 통하여 인류를 한 아버지를 바라보는 한 몸 된 공동체로 회복케 하려는 하나님의 사랑의 계획이신 것입니다. 이러한 아버지의 마음은 예수 그리스도 안에 그대로 넘쳐나는데 예수님께서 사역을 마감하는 시점에서 주신 요한복음에 나타난 제자들을 향한 고별설교의 결론에는 십자가의 길이 어떤 목적을 가진 것인지가 분명하게 드러납니다.

내가 그들을 위하여 비옵나니 내가 비옵는 것은 세상을 위함이 아니요 내게 주신 자들을 위함이니이다 그들은 아버지의 것이로소이다 내 것은 다 아버지의 것이요 아버지의 것은 내 것이온데 내가 그들로 말미암아 영광을 받았나이다 나는 세상에 더 있지 아니하오나 그들은 세상에 있사옵고 나는 아버지께로 가옵나니 거룩하신 아버지여 내게 주신 아버지의 이름으로 그들을 보전하사 우리와 같이 그들도 하나가 되게 하옵소서(요 17:9-11)

내가 비옵는 것은 이 사람들만 위함이 아니요 또 그들의 말로 말미암아 나를 믿는 사람들도 위함이니 아버지여, 아버지께서 내 안에, 내가 아버지 안에 있는 것 같이 그들도 다 하나가 되어 우리 안에 있게 하사 세상으로 아버지께서 나를 보내신 것을 믿게 하옵소서 내게 주신 영광을 내가 그들에게 주었사오니 이는 우리가 하나가 된 것 같이 그들도 하나가 되게 하려 함이니이다(요 17:20-22)

예수님께서 기대하시는 것은 이제 곧 가게 될 십자가의 길을 통하여 이루어질 결과에 대한 것입니다. 예수님께서 순종을 통하여 하나님과 하나 되신 것처럼 이제 십자가의 길을 통하여 제자 된 사람들 또한 하나가 되기를 바라시는 것입니다. 그러므로 그리스도인 공동체가 하나 되는 길은 하나님과 하나 되신 예수 그리스도 안에 있는 것임을 알 수 있습니다.

이러한 예수님의 갈망은 십자가 보혈로 인하여 그 성취로 나아갑니다. 이렇게 하나님과 하나이신 예수 그리스도께서 부활하시고, 승천하신 후에 보혜사 성령으로 믿는 모든 자에게 내주하시는 역사가 펼쳐집니다. 그 성령강림의 역사가 어떤 의미를 가진 것인가는 오순절 성령강림 때를 살펴보면 알 수 있습니다. 마가 다락방에서 성령의 임재로 충만함을 받은 제자들이 뛰쳐나가 말씀을 증거할 때에 하나님께서 계획하신 역사가 나타납니다.

보라 이 말하는 사람들이 다 갈릴리 사람이 아니냐 우리가 우리 각 사람이 난 곳 방언으로 듣게 되는 것이 어찌 됨이냐 우리는 바대인과 메대인과 엘람인과 또 메소보다미아, 유대와 갑바도기아, 본도와 아시아, 브루기아와 밤빌리아, 애굽과 및 구레네에 가까운 리비야 여러 지방에 사는 사람들과 로마로부터 온 나그네 곧 유대인과 유대교에 들어온 사람들과 그레데인과 아라비아인들이라 우리가 다 우리의 각 언어로 하나님의 큰 일을 말함을 듣는도다 하고(행 2:7-11)

이렇게 성령의 역사로 세계 각국에서 모인 사람들이 동일한 언어로 알아듣는 역사가 펼쳐집니다. 이제 이렇게 임재하신 한 성령의 역사로 모두가 하나 될 수 있는 시대가 활짝 열렸음을 선언하는 것입니다.

바울 사도는 이러한 하나님의 갈망을 가슴에 품고 교회를 향하여 한 성령 안에서 한 몸을 회복할 것을 선포하기를 주저하지 않습니다. 드디어 에덴동산에서 이루기를 갈망하셨던 하나님의 그 뜻이 이루어질 모든 준비가 갖추어졌기 때문입니다.

몸은 하나인데 많은 지체가 있고 몸의 지체가 많으나 한 몸임과 같이 그리스도도 그러하니라 우리가 유대인이나 헬라인이나 종이나 자유인이나 다 한 성령으로 세례를 받아 한 몸이 되었고 또 다 한 성령을 마시게 하셨느니라 몸은 한 지체뿐만 아니요 여럿이니 만일 발이 이르되 나는 손이 아니니 몸에 붙지 아니하였다 할지라도 이로써 몸에 붙지 아니한 것이 아니요 또 귀가 이르되 나는 눈이 아니니 몸에 붙지 아니하였다 할지라도 이로써 몸에 붙지 아니한 것이 아니니 만일 온 몸이 눈이면 듣는 곳은 어디며 온 몸이 듣는 곳이면 냄새 맡는 곳은 어디냐 그러나 이제 하나님이 그 원하시는 대로 지체를 각각 몸에 두셨으니 만일 다 한 지체뿐이면 몸은 어디냐 이제 지체는 많으나 몸은 하나라 눈이 손더러 내가 너를 쓸 데가 없다 하거나 또한 머리가 발더러 내가 너를 쓸 데가 없다 하지 못하리라 그뿐 아니라 더 약하게 보이는 몸의 지체가 도리어 요긴하고 우리가 몸의 덜 귀히 여기는 그것들을 더욱 귀한 것들로 입혀 주며 우리의 아름답지 못한 지체는 더욱 아름 다운 것을 얻느니라 그런즉 우리의 아름다운 지체는 그럴 필요가 없 느니라 오직 하나님이 몸을 고르게 하여 부족한 지체에게 귀중함을 더하사 몸 가운데서 분쟁이 없고 오직 여러 지체가 서로 같이 돌보게 하셨느니라 만일 한 지체가 고통을 받으면 모든 지체가 함께 고통을 받고 한 지체가 영광을 얻으면 모든 지체가 함께 즐거워하느니라 너 희는 그리스도의 몸이요 지체의 각 부분이라(고전 12:12-27)

시작은 유대인이나, 헬라인이나, 종이나, 자유인이나 다 한 성령으로 세례를 받아 한 몸이 되었다는 것으로 시작하여 그 한 몸은 그리스도의 몸이라고 단언하는 것으로 결론에 이릅니다. 원죄로 인해 부서지고 깨어졌던 관계의 장벽들이 모두 허물어지 며 이제 하나님과 한 몸을 이루고, 사람들과 한 몸을 이룬 온전한 공동체가 회복되는 것입니다. 한 사람 안에 전체가 있고, 전체 안 에 또한 한 사람이 있다는 한 몸 된 공동체 의식이 하나님이 뜻하 신 바이며 예수 그리스도를 통해 그 다리가 놓였고 마침내 보혜사 성령께서 우리 모두에게 내주하심으로 성취된 것입니다.

이 세상 문화가 아무리 개인주의적인 것을 선호하며 그 것이 대세라고 큰소리칠지라도 예수 그리스도 안에서 한 몸으로 회복된 공동체로 서 나가는 것이 교회의 길입니다. 예수님께서

"나는 포도나무요 너희는 가지라." 요15:5

고 하셨으니 이렇게 우리 모두는 포도나무이신 예수님께 붙어 있는 가지가 되어 한 나무가 되었습니다. 드디어 뽑히고, 잘려진 나무가 심겨야 할 곳에 심겨지고, 붙어야 할 곳에 붙여진 것입니다. 이 관계의 회복이 곧 원죄의 완전한 해결인 것입니다. 이제 남은 것은 예수님께로부터 진액을 공급받아 성령의 아름다운 열매를 맺는 것입니다. 그것이 하나님께서 우리를 위해 아름답게 예정하신 삶이며, 우리의 모든 의지를 내어드려 이루어야 할 사명입니다.

제 3 장

예정인가, 의지인가?

PREDESTINATION OR FREE WILL?

"예정이냐, 아니면 자유의지냐?"의 논쟁은 이 세상이 끝나는 날까지 계속될 주제가 될 것이 분명합니다. 그 이유는 그 두 가지를 입증할 수 있는 내용들이 진리로 믿어지는 성경 속에 동시에 존재하고 있기 때문입니다. 단지 어느 쪽을 선택하여 나의 선호도를 만들어 갈 것이냐에 따라 결론은 달라지게 될 것입니다. 양쪽 진영 다 "성경이 지지하기에 주장한다"라는 점을 강조하며 자신들의 견해가 하나님의 뜻이라고 말하기를 주저하지 않기 때문입니다.

개관해서 말한다면 예정론은 주로 칼빈에 의해 주창된 것이 정설로 받아들여지고 있으며 이중 예정이 그 실제 예가 될 것입니다. '이중 예정'은 하나님께서 창세 전부터 이미 구원받을 자와 구원받지 못하고 유기될 자라는 두 상반된 길을 정해놓으셨다는 것입니다. 구원이 결코 인간의 행위에 의해 결정되는 것이 아니라 전적인 하나님의 은혜로 이루어진다는 점에서 선택은 하나님의 전권에 의해 이루어진다는 것입니다. 그리고 선택된 자는 끝까지 버리지 않고 지키고 보호하여 구원에 이르게 한다는 것입니다. 이 속에는 설사 신앙을 버리고 곁길로 나갔을지라도 구원으로 예정된 자는 반드시 불러들이신다는 것입니다. 그리고 유기될 자는 그렇게 예정된 대로 버려진다는 것입니다. 이것은 하나님의 절대 주권적인 행위로 어느 누구도 이에 대해 이의를 제기할 자격이 없다고 합니다.

이에 반해 자유의지론을 주창하는 측에서는 하나님께서 아무 이유 없이 구원받지 못할 자를 정해놓으시고 유기해 버리신다는 것은 하나님을 불의한 분으로 매도하는 것이라고 주장하며 구원과 유기에 인간의 선택이 작용하고 있음을 강조합니다. 그 핵심적인 내용에 약간의 변형과 차이점은 존재하지만 알미니우스로부터 웨슬리까지 이 의견에 동조합니다. 인간이 비록 타락한 것은 맞지만 그럼에도 하나님께서 값없이 베풀어 주시는 구원에 응답할 수 있는 정도의 의지는 남겨 주셨다는 것입니다. 웨슬리는 그것을 선행은총이라고 하며, 전적타락의 존재라 할지라도 응답할 수 있는 의지를 가능케 하는 은총을 허락해 주셨다는 것입니다. 그 의지로 하나님을 향하여 구원을 감사히 받을 것인가, 아니면 거부할 것인가는 각자의 몫이라는 것입니다. 구원은 분명 값없이 은혜로 주어지는 것은 맞지만 그 구원의 은혜에 응답하고, 안 하고는 전적으로 각 사람의 의지에 달렸다는 것입니다. 그러므로 자유의지론은 예정되었기에 구원되고, 유기되는 것이 아니라, 바르게 응답하였기에 구원의 길로, 거부하였기에 유기의 길로 간다는 것입니다.

이 두 가지 예정론과 자유의지는 결국 하나님의 절대주권에 대한 강조이냐, 아니면 인간의 선택에 대한 강조이냐의 차이를 드러냅니다. 예정론은 인간은 스스로 선택하여 결정할 수 없을 정도로 철저하게 타락한 '전적타락'total depravity의 존재이기에 하나님의 절대주권만이 구원의 길을, 혹은 유기의 길을 결정할 수 있다고 말합니다. 그러나 자유의지론은 인간이 타락했을지라도 최소한 하나님의 은혜에 응답할 수 있을 정도는 가능할 정도이기에 구원에 있어서도 수용하거나, 거부할 수 있는 능력은 있다고 말합니다. 물론 구원의 은혜를 베푸시는 분이 하나님이시라는 점은 분명하지만 그 하나님의 구원역사에 인간이 스스로의 의지를 가지고 결정하여 선택할 수 있는 정도는 가능하다는 것입니다. 이처럼 예정론이 인간의 무능과 하나님의 절대주권을 강조하고 있다면, 자유의지론은 하나님 앞에서 인간의 무능력함을 인정할지라도 하나님의 구원역사에 대하여 고개를 들고 의사를 표현할 수 있는 의지의 자유는 주어져 있다는 점에서 일말의 인간 주권에 대한 강조가 들어가 있습니다.

1. 예정론을 지지하는 성경 내용들

예정론을 지지하는 성경구절들은 구약과 신약성경의 이곳저곳에서 찾아볼 수 있습니다. 칼빈은 자신의 책『기독교 강요』에서 이중예정론의 핵심인 예정과 유기에 대한 확증을 줄 수 있는 성경적 증거들을 제시하고 있습니다.[5] 먼저 신약성경의 예들을 제시하면 다음과 같은 예들을 들 수 있습니다.

> 아버지께서 내게 주시는 자는 다 내게로 올 것이요 내게 오는 자는 내가 결코 내쫓지 아니하리라…나를 보내신 이의 뜻은 내게 주신 자 중에 내가 하나도 잃어버리지 아니하고 마지막 날에 다시 살리는 이것이니라 내 아버지의 뜻은 아들을 보고 믿는 자마다 영생을 얻는 이것이니 마지막 날에 내가 이를 다시 살리리라 하시니라(요 6:37, 39-40)

> 내가 그들을 위하여 비옵나니 내가 비옵는 것은 세상을 위함이 아니요 내게 주신 자들을 위함이니이다 그들은 아버지의 것이로소이다(요 17:9)

이방인들이 듣고 기뻐하여 하나님의 말씀을 찬송하며 영생을 주시기로 작정된 자는 다 믿더라(행 13:48)

만일 하나님이 그의 진노를 보이시고 그의 능력을 알게 하고자 하사 멸하기로 준비된 진노의 그릇을 오래 참으심으로 관용하시고 또한 영광 받기로 예비하신 바 긍휼의 그릇에 대하여 그 영광의 풍성함을 알게 하고자 하셨을지라도 무슨 말을 하리요(롬 9:22-23)

그런즉 어떠하냐 이스라엘이 구하는 그것을 얻지 못하고 오직 택하심을 입은 자가 얻었고 그 남은 자들은 우둔하여졌느니라 기록된 바 하나님이 오늘까지 그들에게 혼미한 심령과 보지 못할 눈과 듣지 못할 귀를 주셨다 함과 같으니라(롬 11:7-8)

우리는 십자가에 못 박힌 그리스도를 전하니 유대인에게는 거리끼는 것이요 이방인에게는 미련한 것이로되 오직 부르심을 받은 자들에게는 유대인이나 헬라인이나 그리스도는 하나님의 능력이요 하나님의 지혜니라(고전 1:23-24)

곧 하나님 아버지의 미리 아심을 따라 성령이 거룩하게 하심으로 순종함과 예수 그리스도의 피 뿌림을 얻기 위하여 택하심을 받은 자들에게 편지하노니 은혜와 평강이 너희에게 더욱 많을지어다 (벧전 1:2)

또한 부딪치는 돌과 걸려 넘어지게 하는 바위가 되었다 하였느니라 그들이 말씀을 순종하지 아니하므로 넘어지나니 이는 그들을 이렇게 정하신 것이라(벧전 2:8)

아이들아 지금은 마지막 때라 적그리스도가 오리라는 말을 너희가 들은 것과 같이 지금도 많은 적그리스도가 일어났으니 그러므로 우리가 마지막 때인 줄 아노라 그들이 우리에게서 나갔으나 우리에게 속하지 아니하였나니 만일 우리에게 속하였더라면 우리와 함께 거하였으려니와 그들이 나간 것은 다 우리에게 속하지 아니함을 나타내려 함이니라 (요일 2:18-19)

칼빈은 구약성경에서는 예정과 유기에 대한 특별한 구절들은 예로 들지 않고 사건들을 예로 듭니다. 하나님께서 에서와 야곱이 태어나기도 전인 태중에 있을 때에 에서는 거부하고, 야곱은 받아들이셨다는 것입니다. 에서와 야곱은 친형제이고, 같은 부모의 자식들이며, 아직 세상을 보지도 못하고 동일한 어머니 뱃속에 있었습니다. 이처럼 모든 조건이 동일한데도 불구하고 각각에 대한 하나님의 판단이 달랐다는 것입니다.창 25:23; 말 1:2-3 칼빈은 이 속에서 자신의 이중예정론을 증명할 선택과 유기를 보았습니다. 그리고 야곱과 에서 전에도 아브라함의 아들들인 이스마엘과 이삭에게도 동일한 사건이 벌어졌다고 봅니다. 이스마엘을 내쫓고, 이삭을 약속의 자녀로 정하셨다는 것입니다.^{창21:12.6)} 이 속에는 구원이든, 유기이든 인간편에서의 의지는 전혀 없고 오직 하나님편에서의 절대주권만이 움직인다고 봅니다. 그리고 칼빈은 다음과 같이 결론을 내립니다.

> 택함 받은 자들에 대해서는 그 부르심이 선택의 증거라고 간주한다. 그리고 칭의를 그들이 영광 가운데로 들어가 선택이 완성되기까지 그 선택의 사실을 드러내 주는 또 하나의 표징으로 본다. 그러나 주께서 그의 택하신 자들을 부르심과 칭의로서 인치시듯이, 버리운 자들에 대해서는 그의 이름을 아는 것과 그의 성령의 거룩하게 하심을 접하지 못하도록 막으심으로써, 말하자면 이런 표지들을 통해서 과연 어떠한 심판이 그들을 기다리고 있는지를 나타내시는 것이다. 7)

2. 자유의지론을 지지하는 성경 내용들

자유의지론은 주로 만인구원론으로 연결되는데 하나님께서는 결코 구원을 주실 자와 유기하실 자를 미리 다 예정하시고 이 땅에 보내시는 분이 아니라는 인식에서 출발합니다. 하나님의 뜻은 모든 사람이 구원에 이르기를 바라시며, 모든 사람을 향한 구원을 계획하셨다는 것입니다. 예수 그리스도의 십자가 또한 미리 예정된 사람들에게만 유효한 구원역사가 아니라, 모든 사람들에게 보편적으로 주어지는 구원의 은혜라는 것입니다. 이는 곧 이중예정론의 선택적 구원을 부정하고, 하나님의 보편적 구원을 주장하는 것입니다. 이러한 주장을 입증하는 성경 내용들 또한 구약과 신약에 산재해 있습니다.

> 하나님이 이르시되 우리의 형상을 따라 우리의 모양대로 우리가 사람을 만들고 그들로 바다의 물고기와 하늘의 새와 가축과 온 땅과 땅에 기는 모든 것을 다스리게 하자 하시고 하나님이 자기 형상 곧 하나님의 형상대로 사람을 창조하시되 남자와 여자를 창조하시고 하나님이 그들에게 복을 주시며 하나님이 그들에게 이르시되 생육하고 번성하여 땅에 충만하라, 땅을 정복하라, 바다의 물고기와 하늘의 새와 땅에 움직이는 모든 생물을 다스리라 하시니라… 하나님이 지으신 그 모든 것을 보시니 보시기에 심히 좋았더라(창 1:26-28, 31)

> 내가 너로 큰 민족을 이루고 네게 복을 주어 네 이름을 창대하게 하리니 너는 복이 될지라 너를 축복하는 자에게는 내가 복을 내리고 너를 저주하는 자에게는 내가 저주하리니 땅의 모든 족속이 너로 말미암아 복을 얻을 것이라 하신지라(창 12:2-3)

그 날에 이새의 뿌리에서 한 싹이 나서 만민의 기치로 설 것이요 열방이 그에게로 돌아오리니 그가 거한 곳이 영화로우리라(사 11:10)

나는 나를 구하지 아니하던 자에게 물음을 받았으며 나를 찾지 아니하던 자에게 찾아냄이 되었으며 내 이름을 부르지 아니하던 나라에 내가 여기 있노라 내가 여기 있노라 하였노라 내가 종일 손을 펴서 자기 생각을 따라 옳지 않은 길을 걸어가는 패역한 백성들을 불렀나니(사 65:1-2)

그러므로 너희는 가서 모든 민족을 제자로 삼아 아버지와 아들과 성령의 이름으로 세례를 베풀고 내가 너희에게 분부한 모든 것을 가르쳐 지키게 하라 볼지어다 내가 세상 끝날까지 너희와 항상 함께 있으리라 하시니라(마 28:19-20)

하나님이 세상을 이처럼 사랑하사 독생자를 주셨으니 이는 그를 믿는 자마다 멸망하지 않고 영생을 얻게 하려 하심이라 하나님이 그 아들을 세상에 보내신 것은 세상을 심판하려 하심이 아니요 그로 말미암아 세상이 구원을 받게 하려 하심이라(요 3:16-17)

주의 크고 영화로운 날이 이르기 전에 해가 변하여 어두워지고 달이 변하여 피가 되리라 누구든지 주의 이름을 부르는 자는 구원을 받으리라 하였느니라(행 2:20-21)

사랑하는 자들아 주께는 하루가 천 년 같고 천 년이 하루 같다는 이 한 가지를 잊지 말라 주의 약속은 어떤 이들이 더디다고 생각하는 것 같이 더딘 것이 아니라 오직 주께서는 너희를 대하여 오래 참으사 아무도 멸망하지 아니하고 다 회개하기에 이르기를 원하시느니라 (벧후 3:8-9)

볼지어다 내가 문 밖에 서서 두드리노니 누구든지 내 음성을 듣고 문을 열면 내가 그에게로 들어가 그와 더불어 먹고 그는 나와 더불어 먹으리라(계 3:20)

만인구원론, 즉 보편적인 구원에 관한 것은 어느 누구나 쉽게 이해할 수 있고, 그 속에서 하나님의 사랑과 섭리를 더 크게 느낄 수 있기에 거부감 없이 받아들일 수 있는 부분이라 생각됩니다. 그런데 이렇게 보편적인 구원을 전하는 내용 속에는 중요하게 포함되는 요소가 있습니다. 그것은 바로 하나님께서 간절히 기다리시는 부르심에 대한 인간 편에서의 응답입니다. 구원은 전적으로 하나님의 은혜에 의해 주어진다는 것은 동의하지만 그 구원의 역사를 감사함으로 받거나, 거부하는 것이 인간의 의지에 달렸다는 것입니다. 이는 곧 구원의 주체는 분명히 하나님이시지만, 인간은 최소한 그 구원의 역사에 비록 수동적일지라도 응답이 가능하며, 또한 반드시 가부간에 응답해야만 한다는 것입니다. 이에 대해 웨슬리는 다음과 같이 선포하기를 주저하지 않습니다.

첫째로, 우리가 잊어서는 안 되는 중요한 진리는 "우리 안에서 행하시는 이는 하나님이시니 자기의 기쁘신 뜻을 위하여 너희로 소원을 두고 행하게 하신다."는 것입니다. 둘째로, 우리 인간이 해야 하는 노력은 "두렵고 떨림으로 너희 구원을 이루라."는 것입니다. 셋째로, 앞의 두 가지 연결에서 얻어지는 결론은 "너희 안에서 행하시는 이는 하나님이시니" 그러므로 "너희 자신의 구원을 성취하라."는 것입니다.[8]

3. 칼빈의 예정론과 웨슬리의 자유의지론이 부각된 시대적 배경

하나님의 말씀인 성경 속에는 이렇게 양쪽을 다 주장할 수 있는 내용들을 포함하고 있습니다. 예정론이냐, 자유의지론이냐는 흡사 경마장의 말 사육사가 어떤 말이 이길지를 정확하게 알고 있다는 이야기를 연상시킵니다. 한 경마장의 말 사육사는 그 날의 경기에서 흰말이 우승할지, 검은 말이 우승할지 아니면 갈색 말이 우승할지를 정확하게 맞췄다고 합니다. 하도 신기하여 사람들이 어떻게 그렇게 정확하게 예측할 수 있느냐고 조용히 물었더니 대답은 간단했습니다. 이기기를 바라는 말에게 며칠 동안 가장 좋은 음식과 영양가 있는 간식을 제공하고, 나머지 말들에게는 배고프

지 않을 만큼만 먹었다고 하는 것입니다. 예정론이냐, 자유의지론
이냐의 논쟁에서 어느 쪽이 이길 것이냐는 어느 쪽을 지지하는 구
절들만 모아서 주장하느냐에 따라 달라지는 또 다른 선택의 싸움
이 될 것입니다. 그래서 끝도 없는 전쟁이며, 영원한 평행선이 될
수밖에 없습니다. 이미 살펴보았듯이 양측의 주장을 뒷받침하는
구절들은 성경의 곳곳에 산재해 있기 때문입니다.

　　이 두 주장은 첨예하게 대립의 길을 갑니다. 이러한 대립
에 대한 완전한 해결은 아닐지라도 최소한으로 완화하여 서로를
인정해 줄 수 있는 길은 없을까를 생각해 보는 것이 필요한 시절
입니다. 이를 위해 이러한 날카로운 대립각을 세우는 그 근본적인
이유가 무엇인가를 찾아가야 할 필요가 있습니다. 양쪽 다 동일한
하나님의 말씀에 기초하고 있다는 점에서 그 화해의 여지는 없는
것인지를 질문할 수 있습니다. 이를 위해 예정론과 자유의지론이
강력하게 부각된 시대적인 배경을 살펴볼 필요가 있습니다.

　　칼빈주의를 대표하는 예정론과 알미니우스주의를 대표
하는 자유의지론은 서로의 주장에서 못 견뎌하는 가장 날카로운
부분이 한 가지씩 있습니다. 예정론을 주창하는 가장 큰 이유는
하나님의 절대주권에 대한 확신 때문입니다. 인간의 입김이나, 의
지가 전혀 포함되지 않은 하나님 홀로 이루신 '신단동론monergism'에
대한 강조입니다. 칼빈주의 5대 강령인 '전적 타락, 무조건적 선

택, 제한적인 속죄, 불가항력적인 은혜, 성도의 견인'이 모두 이 바탕 위에서 세워진 것입니다. 그래서 인간의 의지로 하나님을 믿음으로 구원에 이른다는 인간의 행위에 대한 강조가 조금이라도 들어가 있는 자유의지론의 주장을 결코 받아들일 수 없는 것이 됩니다. 그리고 자유의지론을 주창하는 사람들은 하나님의 은혜는 남녀노소, 지위고하에 관계없이 결코 차별이 없으며 모든 사람에게 공평하게 임하는 것을 강조합니다. 그리스도의 십자가 또한 제한적으로 적용되는 것이 아니라, 모든 인류에게 제한없이 주어지는 은혜라는 것입니다. 그래서 구원과 유기는 그 은혜에 어떻게 응답하느냐에 따라 갈라지는 것이지 하나님께서 창조 전부터 구원될 자와 유기될 자를 예정하셨기 때문에 이루어지는 것이 아니라는 것입니다. 자유의지론자들에게 구원은 하나님의 은혜와 인간의 응답이 연합하여 이루어지는 '신인협동론synergism'이 되는 것입니다. 이런 이유로 이중예정론은 자유의지론자들에게는 도저히 받아들일 수 없는 독배가 됩니다. 그렇다면 왜 이렇게도 예정론은 인간의 어떤 의지나 입김이 개입할 여지가 없는 하나님의 철저한 절대주권을 주장하는 신단동론을 강조하며, 자유의지론은 하나님의 절대주권에 대한 인간의 응답까지를 포함한 신인협동론을 강조하는 것인가를 비교해 볼 필요가 있습니다.

예정론이 크게 부각된 것은 역시 루터를 이어 칼빈을 통해서였습니다. 종교개혁의 기치 아래서 예정론은 특히 그 무게감과 신앙적인 중요성을 제시해 주었다고 할 수 있습니다. 구원받을 자와 유기될 자가 창세 전에 이미 예정되어 있다고 하며 하나님의 절대주권을 강조하는 칼빈의 이중 예정론은 그의 시대적 상황을 이해할 때 그 주장의 의미를 파악할 수 있을 것입니다. 그는 16세기의 사람으로[1509-1564] 왕권이 크게 강화된 새로운 전제군주적인 시대를 살았으며, 또한 루터로부터 출발한 종교개혁의 시대를 살았습니다. 먼저 전제군주적인 시대를 살았다는 점에서 하나님의 절대주권에 대한 인식이 강화되었을 것입니다. 그의 명저인 기독교강요 또한 프랑스 국왕에게 바치는 헌사로 시작한다는 점에서 절대권에 대한 인식이 칼빈의 신관에 영향을 주었을 것을 짐작해 볼 수 있습니다: "지극히 위대하시고 지극히 영명하시며 지극히 기독교적인 프랑스의 왕 프랑수아 폐하에게 존 칼빈은 주 안에서 평강과 문안을 드립니다."[9] 이러한 전제왕정은 하나님의 절대주권에 대한 인식과 더불어 선택과 유기라는 것 또한 인간의 행동에 달린 것이 아니라 하나님의 주권적인 선택에 달려 있다는 의식을 가능케 하였을 것을 추정해 볼 수 있습니다. 또한 그 당시 은혜로만 구원 받는다는 이신칭의가 빠져버린 로마 교황청의 행함으로 구원에 이른다는 강조에 대한 반기도 한몫을 담당합니다. 로마 교황청이 인간 구원과 저주에 관하여 부당하게 관여하며 전권을 쥐고 있다고 주장하는 것에 대한 오류를 지적하며 그에 관한 모든 것이 하나님의 전권에 있다는 것을 강조하기 위한 목적이 있었을 것도 유추해 볼 수 있습니다. 결국 인간의 구원이나 유기되는 것이 전적으로 하나님의 절대주권에 속한 것이며, 단 1퍼센트의 인간의 의지나 행함이 포함될 여지가 없다는 것입니다. 이는 곧 로마 교황청의 행위에 대한 잘못된 주장들이 하나님의 절대주권만을 강조하는 것으로 나아가는 저항동력이 되었을 수 있습니다. 로마 가톨릭이 휘둘렀던 구원에 대한 인간주권을 전적으로 하나님의 손으로 돌려드리는 것이 바로 칼빈의 이중 예정론이었습니다. 그리고 성경 속에서 그것을 입증하는 구절들에 초점을 맞춤으로 이 주장에 힘이 실리게 되었을 것을 짐작해 볼 수 있습니다. 이와 같은 상황을 살펴볼 때 칼빈의 이중 예정론이 언제나 적용되는 보편적 진리라기 보다는 특수 상황에서 나온 극단적인 처방일 수 있다는 논의가 가능할 수 있습니다.[10]

이와 같은 칼빈의 주장에 대한 저항으로 자유의지론이 알미니우스[1560-1609]에 의해 주장되었고 그의 제자들에게 연결됩니다. 알미니우스주의자들이 내세운 다섯 가지의 반박문은 1610년 알미니우스 사후에 네덜란드 개신교도들이 칼빈의 주장들을 수용하고 있는 네덜란드 개혁교회에 제기한 다섯 가지의 이의 사항을 담고 있습니다. 첫째는 인간은 비록 타락하였을지라도 하나님의 뜻에 대하여 자신의 자유의지로 수용과 거부를 선택할 수 있을 정도의 '부분적 타락'이라는 것입니다. 둘째는 예정에 대하여 거부하지는 않지만 하나님께서는 복음을 선택할지, 안할지 미리 아시기에 복음을 선택할 이들을 구원하시는 '조건적 선택'이라는 것입니다. 셋째는 예수님의 십자가는 모든 인류를 위한 '보편적 속죄'라는 것입니다. 넷째는 성령께서 구원하시려는 사람에게 베푸시는 은총을 그 사람은 거부할 수도 있다는 '가항적 은총'이라는 것입니다. 다섯째는 한 번 받은 구원도 잃을 수 있다는 '탈락 가능성'에 대한 것입니다.[11]

　　이에 대한 칼빈주의자들의 저항으로 확립된 것이 바로 '칼빈주의 5대 강령'으로 알파벳 첫 글자를 딴 '튤립TULIP'으로 잘 알려져 있는 내용입니다. 첫째는 인간의 어떤 의지도 발휘할 수 없는 '전적 타락Total depravity,' 둘째는 하나님의 전권에 의해 이루어지는 '무조건적 선택Unconditional election,' 셋째는 예수 그리스도의 십자가는 구원받기로 예정된 사람들에게만 유효한 '제한적인 속죄Limited atonement,' 넷째는 어느 누구도 결코 거부하거나 선택할 수 없는 '불가항력적인 은혜Irresistible grace,' 그리고 다섯째는 구원할 자는 끝까지 책임지시고 견디게 하신다는 '성도의 견인Perseverance of the Saints'이라는 강령들입니다.[12] 그러나 이러한 강화된 칼빈주의는 구원과 선택의 모든 것이 하나님의 절대주권에 관한 것이라는 점에서 그 당시 로마 교황청의 인간중심 구원관으로 인해 잃어버린 하나님의 주권은 회복할 수 있었지만 인간 편에서 요구되는 성결한 삶과 율법을 완성하는 삶을 향한 의지가 사라짐으로 방종으로 치달을 수 있는 약점이 있었습니다. 왜냐하면 하나님의 절대주권에 의해 구원받기로 예정되어 있다면, 믿음도 불어넣어 주실 것이고, 끝까지 이끌어 가실 것이니 인간이 굳이 의지를 가지고 무언가를 해야 할 필요성이 없기 때문입니다. 그런 약점들은 언제나 열려져 있는 논쟁의 점화선이기도 했습니다.

이렇게 양분된 개혁교회를 봉합하고자 1618-19년 두 해에 걸쳐 도르트 총회가 개최되었고 결국 이 회의에서 네덜란드 교회는 개혁주의 입장이 채택되며 '도르트 신조'가 작성되는데 그 내용은 '칼빈주의 5대 강령'의 강력한 확립을 담고 있었습니다. 이렇게 종교개혁 시대와 그 이후 얼마간 알미니우스주의는 개혁교회의 칼빈주의에 억압당하였다가 다시 웨슬리의 시대1703-1791에 크게 부각되기 시작합니다. 웨슬리와 칼빈의 시대격차는 거의 200년의 간극이 있습니다. 웨슬리의 시대는 계몽주의 시대를 열어간 18세기의 중심에 서 있었고, 권위적인 제도와 체제를 상징하는 전제군주 시대가 막을 내리고, 개인의 자유와 평등을 추구하는 민주주의가 태동되던 시절이었습니다. 그리고 오랜 전통에 대한 답습보다는 이성과 과학의 힘을 신봉하며, 개인의 선택과 의지가 중요한 요소로 인식되기 시작했습니다. 이를 통해 하나님 또한 인간의 자유의지를 무시하지 않으시며, 인간은 하나님의 대리인으로서 하나님과 동역하며 협력하는 존재로 이해되기 시작한 것입니다.[13] 거기에 덧붙여 산업혁명으로 인한 전통문화와 기독교적 가치체계의 붕괴 그리고 영적인 침체는 웨슬리에게는 회복해야만 할 신앙의 길이었습니다. 그에게 있어 성경적인 성결한 삶과 그리스도인의 완전을 향한 추구는 시대의 타락상을 회복케 하는 생명과도 같은 것이 되었습니다. 그런 그에게 있어서 그 당시 극으로 치닫던 칼빈주의의 '이중 예정론'과 '성도의 견인'과 같은 교리는 그리스도인들의 방종을 부추기는 것이기에 오류로 치부되는 것이 당연하다 여겼을 것입니다. 왜냐하면 하나님의 전권에 의해 구원이냐, 아니냐가 이미 다 결정되었고, 차후의 행위에도 관계없이 구원으로 예정된 자는 끝까지 지킨다는 주장을 담고 있어 인간편에서의 어떤 행동도 요구하지 않기 때문입니다. 이제 막 타락한 로마 가톨릭으로부터 개신교가 분리되는 시절이었던 칼빈 시대의 요구와 개신교가 바른 행함이 없이 무너져가는 웨슬리 시절의 요구는 분명 다를 것이며 강조점도 다를 수밖에 없을 것입니다. 이러한 시기에 또다시 칼빈의 이중예정론을 강력히 비판했던 알미니우스의 자유의지론이 강력하게 대두되기 시작한 것은 결코 우연이 아닐 것입니다.[14]

흡사 시계의 추가 이쪽에서 저쪽으로 움직이듯이 시대의 상황과 사상적인 흐름에 따라 변하는 것이 진리는 아닐 것입니다. 진리는 어느 시대, 어떤 상황, 어떤 사조 속에서도 동일한 빛을 발하는 것입니다. 우리는 또다시 성경으로 돌아가서 이 두 가지가 어떤 의미로 주어진 것인지를 면밀히 살펴보고 거기에서 답을 내려야 할 것입니다. 그렇지 않다면 이 두 주장은 영원한 평행선으로 전쟁을 치르며 결국 마지막 날에 하나님의 보좌 앞까지 가서야 결론이 나는 것이 되고 말 것입니다. 그러나 성경을 보되 구절을 뽑는 선별이 아니라, 문맥을 따라 의미를 이해하는 방식이 되어야 할 것입니다.

4. 성경구절이 아닌, 성경문맥을 통해 보는 예정론과 자유의지론

성경은 어떤 사람이 사용하느냐에 따라 상당히 다른 의미를 내포한 주장이 가능해질 수 있습니다. 그것은 성경의 한 구절이 문맥을 벗어날 때 흔히 벌어질 수 있는 일입니다. 문맥을 따라 해석하는 것은 전체적인 의미를 이해하게 만들고, 사람이 만들어낸 주장이 아닌, 하나님께서 뜻하신 의미를 찾을 수 있도록 돕습니다. 그러므로 예정론과 자유의지론도 필요한 구절을 선별해서 사용하는 형태가 아니라, 성경의 문맥 속에서 그 진의를 파악해야 합니다.

예정과 자유의지가 부딪치는 것은 창세기의 천지창조에서부터 시작됩니다. 예정이라는 것이 창세 전에 이미 선택과 유기가 결정되었다는 주장이기에[15] 천지창조에서 사람을 하나님의 형상대로 만들었다는 것부터 문제가 되기 시작합니다. 분명 유기될 존재들은 하나님의 형상이 아니어야 합니다. 동일한 하나님의 형상을 가지고 있음에도 버려진다면 그 형상의 의미가 없기 때문입니다. 그리고 창세기의 홍수심판이 벌어질 때를 살펴보면 인간의 죄악이 세상에 가득함과 마음으로 생각하는 바가 항상 악할 뿐임을 보시고 하나님께서 땅 위에 사람 지으셨음을 한탄하시고, 마음에 근심하셨다고 합니다.창6:5-6 예정된 대로 이루어진 것이라면 하나님의 한탄과 근심은 이해할 수 없는 내용입니다. 이와 같은 사건은 초대 왕 사울이 불순종으로 일관했을 때도 동일했습니다: "내가 사울을 왕으로 세운 것을 후회하노니 그가 돌이켜서 나를 따르지 아니하며 내 명령을 행하지 아니하였음이니라".삼상15:11 하나님의 한탄, 근심, 후회는 곧 인간이 제대로 된 선택과 결정을 내리지 않았을 때 벌어지는 일임이 분명하다는 점에서 예정론을 넘어선 선택의 의지가 작용하고 있음을 짐작케 합니다. 그리고 홍수심판에서 구원받은 사람들이 노아 가족 8명뿐입니다. 그렇다면 하나님께서 노아 시대라는 초 장수 시대를 살아갔던 그 수많은 사람들 중에서 단지 8명 밖에 예정하지 않았다는 결론에 이르게 됩니다. 나머지 홍수로 죽어간 수도셀 수 없을만큼 많은 사람들은 유기되기로 예정된 사람들인 것입니다. 소돔과 고모라라는 번창하는 도시에서는 단 한 명도 구원에 이르지 못합니다. 롯의 가족이 구원되지만 롯은 소돔과 고모라에 들어가 거주하던 외부인으로 그 땅의 본토민은 아닙니다. 그럼 소돔과 고모라에 거주하던 사람들 중에 단 한 명도 예정된 사람이 없었다는 것을 의미하는 것입니다. 이 높은 예정의 경쟁률을 누가 쉽게 통과할 수 있을까라는 의구심이 듭니다.

아브라함의 이야기로 넘어가 보면 하나님께서 아브라함을 선택하신 것은 그 한 사람만이나 그를 통한 한 민족만을 구원하시려는 목적이 아닙니다. 아브라함을 부르실 때의 하나님의 목적을 살펴보면 분명히 알 수 있습니다.

여호와께서 아브람에게 이르시되 너는 너의 고향과 친척과 아버지의 집을 떠나 내가 네게 보여 줄 땅으로 가라 내가 너로 큰 민족을 이루고 네게 복을 주어 네 이름을 창대하게 하리니 너는 복이 될지라 너를 축복하는 자에게는 내가 복을 내리고 너를 저주하는 자에게는 내가 저주하리니 땅의 모든 족속이 너로 말미암아 복을 얻을 것이라 하신지라(창 12:1-3)

아브라함에게 땅을 선물로 주시고, 큰 민족을 이루고, 이름을 창대케 하는 것이 마침내는 그를 통하여 땅의 모든 민족들이 복을 얻게 하기 위함입니다. 이것은 곧 아브라함의 후손들로 인해 탄생될 이스라엘에게 주어지는 소명인 것입니다. 이렇게 이스라엘을 선택하는 것은 그 외의 모든 민족들을 유기하시려는 것이 아니라, 미래에 탄생될 하나님의 백성 이스라엘을 통하여 그렇게 잠시 소외된 민족들을 하나님의 품 안으로 불러들이시려는 큰 계획의 일환인 것이었습니다. 그러므로 이삭을 선택하심으로 제외된 이스마엘과 야곱을 택하심으로 제외된 에서까지도 결코 유기된 존재들이 아니라, 이스라엘을 통하여 하나님께로 돌아와야 할 백성인 것입니다.

이스마엘에 대하여는 내가 네 말을 들었나니 내가 그에게 복을 주어 그를 매우 크게 생육하고 번성하게 할지라 그가 열두 두령을 낳으리니 내가 그를 큰 나라가 되게 하려니와(창 17:20)

너는 에돔 사람을 미워하지 말라 그는 네 형제임이니라 애굽 사람을 미워하지 말라 네가 그의 땅에서 객이 되었음이니라 그들의 삼 대 후 자손은 여호와의 총회에 들어올 수 있느니라(신 23:7-8)

이처럼 칼빈이 구원이 아닌 유기된 존재라고 생각했던 이스마엘과 에서는 엄밀하게 유기된 것이 아니라, 이스라엘의 탄생을 위하여 잠시 선택에서 제외되었지만 후에는 이스라엘을 통해 하나님의 품으로 이끄실 계획이셨던 것입니다.

이러한 예는 신약성경에서도 찾아볼 수 있습니다. 예수님께서 공생애 전까지는 어머니 마리아를 "순종하여 받드셨다"눅251라고 합니다. 그러나 공생애가 시작되면서는 '여자여'라는 호칭을 사용하시며 관계에 선을 긋기 시작하십니다.요24 심지어는 사람들이 예수님이 미쳤다고 하는 소리를 듣고막321 찾으러 온 어머니가 밖에서 부른다 하자 일언지하에 "누가 내 어머니며 동생들이냐 누구든지 하나님의 뜻대로 행하는 자가 내 어머니요 형제들이라"고 선언하며 혈연관계를 청산합니다.막331-35 언뜻 보기에는 그 순간 관계에서 제외된 것 같지만 이것은 후에 어머니와 형제들을 구원으로 이끄실 계획이셨던 것입니다. 마가의 다락방 성령강림의 대역사를 기다리며 간절히 기도하던 120명의 성도들 속에 마리아와 예수님의 동생들이 있었다는 것은 곧 혈연으로서의 관계 청산이 끝이 아니라, 구원을 위한 잠시 동안의 제외였음을 깨닫게 합니다.행1:14 만약 혈연의 정만을 앞세웠다면 마리아와 형제들은 구원의 메시아를 결코 체험하지 못하고 죽음으로 가는 안타까운 일이 벌어졌을 것입니다. 이와 같이 선택에서 제외된 것 같은 수

많은 사람들 또한 이스라엘이라는 하나님을 증거하는 구원의 통로가 서기까지 잠시 그렇게 된 것입니다. 그러나 이스라엘을 통해 마침내 그들도 하나님께로 나아오게 하는 것이 하나님의 계획이셨습니다.

　　이스라엘의 예언자들은 이러한 이스라엘의 소명을 깊이 있게 이해하고 있는 사람들이며 하나님은 그들을 통하여 이러한 소명을 계속해서 일깨워주십니다.

아모스의 아들 이사야가 받은 바 유다와 예루살렘에 관한 말씀이라 말일에 여호와의 전의 산이 모든 산 꼭대기에 굳게 설 것이요 모든 작은 산 위에 뛰어나리니 만방이 그리로 모여들 것이라 많은 백성이 가며 이르기를 오라 우리가 여호와의 산에 오르며 야곱의 하나님의 전에 이르자 그가 그의 길을 우리에게 가르치실 것이라 우리가 그 길로 행하리라 하리니 이는 율법이 시온에서부터 나올 것이요 여호와의 말씀이 예루살렘에서부터 나올 것임이니라 그가 열방 사이에 판단하시며 많은 백성을 판결하시리니 무리가 그들의 칼을 쳐서 보습을 만들고 그들의 창을 쳐서 낫을 만들 것이며 이 나라와 저 나라가 다시는 칼을 들고 서로 치지 아니하며 다시는 전쟁을 연습하지 아니하리라(사 2:1-4; 미 4:1-4)

하나님의 백성 이스라엘의 소명은 이처럼 열방이 하나님께로 나아올 수 있는 통로가 되어 주는 것입니다. 선택에서 제외되었던 열방이 하나님의 말씀을 듣고 자신들의 삶의 방식을 내려놓고 하나님께서 뜻하신 평화의 세상을 이루는 것입니다. 이와 같이 이스라엘은 자신들도 하나님의 말씀을 향한 바른 선택이 있어야 하며, 열방 또한 이러한 바른 길로 향할 수 있도록 이끌어야 하는 것입니다. 그러할 때 앗시리아도, 애굽도, 구스도 하나님의 백성과 하나 되어 하나님을 예배하는 한 백성이 될 것입니다.^{사 18:7; 19:25}

그리고 예정론에 의하면 타락 전의 인간인 아담은 선과 악의 갈림길에서 바른 것을 선택할 의지가 충분하지만, 타락 후의 인간은 전적타락으로 인하여 바른 선택을 할 수 있는 어떤 주권적인 의지도 없으며, 설사 선택한다 할지라도 결국은 악으로 치달을 수밖에 없다고 합니다.[16] 그리고 그리스도의 십자가로 인한 중생 이후의 인간에게 이러한 의지가 회복되었다고 합니다. 만약 타락한 인간이 하나님을 향한 올바른 어떤 선택도 할 수 없는 처지에 있다면 하나님의 말씀으로 주어진 수없이 많은 선택과 결정을 촉구하는 내용은 이해할 수 없는 것이 되고 말 것입니다. 먼저 자신이 드린 제사와 제물을 열납치 않으신 하나님을 향한 서운함과 하나님께 열납된 동생에 대한 시기와 분노로 가득한 가인을 향해 하나님께서 올바른 선택을 촉구하시는 내용이 등장합니다.

여호와께서 가인에게 이르시되 네가 분하여 함은 어찌 됨이며 안색이
변함은 어찌 됨이냐 네가 선을 행하면 어찌 낯을 들지 못하겠느냐 선
을 행하지 아니하면 죄가 문에 엎드려 있느니라 죄가 너를 원하나 너
는 죄를 다스릴지니라(창 4:6-7)

만약 가인에게 죄를 다스릴 수 있는 어떤 여력도 없었다면 이 명
령은 의미 없는 것이 되고 맙니다.

그리고 이스라엘을 시내산으로 인도하신 후에 그들이 하
나님의 계획을 따를 것인지를 결정하게 하십니다.

세계가 다 내게 속하였나니 너희가 내 말을 잘 듣고 내 언약을 지키면
너희는 모든 민족 중에서 내 소유가 되겠고 너희가 내게 대하여 제사
장 나라가 되며 거룩한 백성이 되리라 너는 이 말을 이스라엘 자손에
게 전할지니라 모세가 내려와서 백성의 장로들을 불러 여호와께서 자
기에게 명령하신 그 모든 말씀을 그들 앞에 진술하니 백성이 일제히
응답하여 이르되 여호와께서 명령하신 대로 우리가 다 행하리이다 모
세가 백성의 말을 여호와께 전하매(출 19:5-8)

하나님께서는 이스라엘이 바로 이와 같은 하나님의 말씀을 잘 듣
고 언약을 지키는 백성이 되기를 뜻하신다고 전하셨고, 이에 대해
이스라엘은 분명하게 "우리가 다 행하리이다"라고 응답합니다. 하

나님의 말씀에 대하여 가부를 대답할 수 있다는 것은 이스라엘 백성에게 선택할 수 있는 자유의지가 있다는 것을 의미하는 것이 될 것입니다. 또한 신명기에서는 이스라엘 신세대를 향하여 여러 차례 하나님의 말씀에 대해 순종하는 것에 대한 축복, 그리고 불순종하는 것에 대한 저주에 대하여 예고합니다.

> 내가 오늘 복과 저주를 너희 앞에 두나니 너희가 만일 내가 오늘 너희에게 명하는 너희의 하나님 여호와의 명령을 들으면 복이 될 것이요 너희가 만일 내가 오늘 너희에게 명령하는 도에서 돌이켜 떠나 너희의 하나님 여호와의 명령을 듣지 아니하고 본래 알지 못하던 다른 신들을 따르면 저주를 받으리라(신 11:26-28; 30:15-18)

이러한 언급은 곧 이스라엘이 복된 길을 택할 수도, 저주의 길을 택할 수도 있는 결정권이 있음을 의미하는 것입니다. 그리고 그 결정에 따라서 운명의 갈림길이 벌어진다는 것을 강조하고 있습니다. 이는 곧 각자의 선택에 따라 결과가 달라진다는 것을 보여주는 예가 될 것입니다.

예언서들 속에는 안타깝게도 이러한 하나님의 경고에 대하여 결국 잘못된 선택과 결정으로 치달음으로 망국으로 향하는 이스라엘의 모습이 부각됩니다.

이로 말미암아 불꽃이 그루터기를 삼킴 같이, 마른 풀이 불 속에 떨어짐 같이 그들의 뿌리가 썩겠고 꽃이 티끌처럼 날리리니 그들이 만군의 여호와의 율법을 버리며 이스라엘의 거룩하신 이의 말씀을 멸시하였음이라 그러므로 여호와께서 자기 백성에게 노를 발하시고 그들 위에 손을 들어 그들을 치신지라 산들은 진동하며 그들의 시체는 거리 가운데에 분토 같이 되었도다 그럴지라도 그의 노가 돌아서지 아니하였고 그의 손이 여전히 펼쳐져 있느니라(사 5:24-25)

너희는 예루살렘 거리로 빨리 다니며 그 넓은 거리에서 찾아보고 알라 너희가 만일 정의를 행하며 진리를 구하는 자를 한 사람이라도 찾으면 내가 이 성읍을 용서하리라 그들이 여호와께서 살아 계심을 두고 맹세할지라도 실상은 거짓 맹세니라(렘 5:1-2)

주 여호와께서 이와 같이 이르시되 이것이 곧 예루살렘이라 내가 그를 이방인 가운데에 두어 나라들이 둘러 있게 하였거늘 그가 내 규례를 거슬러서 이방인보다 악을 더 행하며 내 율례도 그리함이 그를 둘러 있는 나라들보다 더하니 이는 그들이 내 규례를 버리고 내 율례를 행하지 아니하였음이니라⋯너희 가운데에서 삼분의 일은 전염병으로 죽으며 기근으로 멸망할 것이요 삼분의 일은 너의 사방에서 칼에 엎드러질 것이며 삼분의 일은 내가 사방에 흩어 버리고 또 그 뒤를 따라 가며 칼을 빼리라(겔 5:7-8, 12)

만약 이러한 멸망의 길이 하나님께서 예정하신대로 이루어지는 것이라면 이들의 죄에 대한 극렬한 비판은 의미없는 것이 되고 말 것입니다. 이중예정이 이미 구원받을 자와 유기될 자를 창세 전에 예정하신 것이라면 이렇게 죄로 인하여 멸망으로 향하는 존재들은 죄 가운데 유기되기로 결정된 사람들일 뿐이기 때문입니다. 그리고 구원하실 자는 끝까지 믿음을 지키게 하여 견인하실 것이기 때문입니다. 그런데 그 죄라는 것이 하나님께서 창세 전부터 그렇게 되기로 예정하셔서 된 것이라면 그들을 향하여 "너희 죄로 너희가 망한다"라는 말이 얼마나 잔혹한 말이 되는가를 생각해 보아야 합니다. 하나님께서 그렇게 유기하시기로 예정해 놓으시고 죄 가운데 살게 계획하셔서 그렇게 살았을 뿐인데 "너희의 죄 때문이다"사 59:1-2; 렘 5:25라고 단죄하시면 이것이 도대체 누구의 잘못인가를 되짚어 보아야 합니다. 그러므로 이스라엘의 죄에 대한 강력한 비판은 곧 선택과 결정의 의지를 잘못 사용한 것에 있음을 알 수 있습니다.

신약성경 또한 다르지 않습니다. 마태복음 5-7장은 산 상수훈으로 새로운 하나님의 백성인 그리스도인들이 살아가야 할 삶의 길이 제시되어 있습니다. 그리고 그 결론은 역시 선택입니다.

좁은 문으로 들어가라 멸망으로 인도하는 문은 크고 그 길이 넓어 그
리로 들어가는 자가 많고 생명으로 인도하는 문은 좁고 길이 협착하
여 찾는 자가 적음이라(마 7:13-14)

삶에는 두 문과 두 길이 놓여있다는 것이며 어떤 문을 통과하여
어떤 길을 가느냐에 따라 삶의 결과가 달라진다는 것을 전하고 있
습니다. 그 선택은 그리스도인 각자에게 주어져 있는 몫인 것입니
다. 그리고 선택에 따라 종말의 때에 결과가 달라진다는 것으로
그 결론에 이릅니다.

나더러 주여 주여 하는 자마다 다 천국에 들어갈 것이 아니요 다만 하
늘에 계신 내 아버지의 뜻대로 행하는 자라야 들어가리라…그러므로
누구든지 나의 이 말을 듣고 행하는 자는 그 집을 반석 위에 지은 지
혜로운 사람 같으리니 비가 내리고 창수가 나고 바람이 불어 그 집에
부딪치되 무너지지 아니하나니 이는 주추를 반석 위에 놓은 까닭이요
나의 이 말을 듣고 행하지 아니하는 자는 그 집을 모래 위에 지은 어리
석은 사람 같으리니 비가 내리고 창수가 나고 바람이 불어 그 집에 부
딪치매 무너져 그 무너짐이 심하니라(마 7:21, 24-27)

어떤 문, 어떤 길을 걷느냐에 따라 반석 위에 지은 집이 되든지, 모
래 위에 지은 집이 됩니다. 그리고 그 결과에 따라 심판을 견디느

냐, 견디지 못하느냐가 결정됩니다. 그 구체적인 예들은 종말심판의 내용을 다루고 있는 마태복음 25장에 잘 드러나 있습니다.

마태복음 25장에는 예수님의 재림과 종말심판 때에 대한 비유들이 연속으로 주어지는데 그 비유 시리즈를 살펴보면 무엇이 구원과 유기를 가름 짓는지를 알 수 있게 합니다. 먼저 열 처녀 비유에서 다섯 명의 처녀는 등불과 기름이 준비되어 있어 주님께서 재림하실 때 천국 문으로 들어가고, 다른 다섯 처녀는 등불은 있으나 기름이 준비되지 않아 문밖에 유기됩니다. 분명 이유는 기름이 준비되지 않았기에 유기되는 것입니다.^{마25:1-13} 그리고 달란트 비유에서 다섯 달란트 받은 사람과 두 달란트 받은 사람은 각각 받은 것으로 활용하여 그 만큼의 달란트를 남겼고, 천국의 기쁨에 들어갑니다. 그러나 한 달란트를 받은 사람은 그것을 묻어두었고, 아무것도 남기지 않았습니다. 그로 인해 바깥 어두운데 내어 쫓겨 이를 갊이 있는 유기로 결론에 이릅니다.^{마25:14-30} 그 다음 비유는 마지막 심판대에서 양과 염소를 가르는 내용입니다. 양들은 작은 자들에게 최선을 다하여 행함을 베풀었고, 염소들은 작은 자들에게 아무것도 하지 않았습니다. 그로 인해 양들은 영생에 염소들은 영벌이라는 영원한 유기의 형벌에 처해집니다.^{마25:31-46} 이런 모든 내용들이 이미 창세 전에 하나님께서 다른 삶은 결코 살아갈 수 없게 예정한 것이라면 심판이라는 것이 무슨 의미가 있을 것인가를 고민하게 되고, 하나님의 처사가 이해할 수 없는 것이 되어버릴 수 있습니다. 만약 모든 것이 예정되어 있으며, 인간의 자유의지라는 것이 작용할 여지가 전혀 없다면 사소한 잘못부터 심각한 죄까지 누가 책임지는 주체가 될 수 있을까요? 아무도 잘못에 대하여 책임질 수 있는 주체가 될 수 없다면, 어떠한 행위에 대한 책임도 없다는 말이 결코 무의미한 비판은 아닐 것입니다.

만약 신약의 내용들이 중생한 사람들이기에 의지가 회복되어 선악을 바르게 분별할 수 있기에 가능한 것이라고 한다면, 로마서에서 아직 중생의 체험을 갖지 않은 세상에 속한 인생을 향한 말씀 속에도 하나님을 알 수 있는 길이 있다는 내용은 의문을 제시할 수 있습니다.

하나님의 진노가 불의로 진리를 막는 사람들의 모든 경건하지 않음과 불의에 대하여 하늘로부터 나타나나니 이는 하나님을 알 만한 것이 그들 속에 보임이라 하나님께서 이를 그들에게 보이셨느니라 창세로부터 그의 보이지 아니하는 것들 곧 그의 영원하신 능력과 신성이 그가 만드신 만물에 분명히 보여 알려졌나니 그러므로 그들이 핑계하지 못할지니라 하나님을 알되 하나님을 영화롭게도 아니하며 감사하지도 아니하고 오히려 그 생각이 허망하여지며 미련한 마음이 어두워졌나니(롬 1:18-21)

창세로부터 하나님의 영원하신 능력과 신성이 만물 속에 계시되어 있다고 합니다. 그리고 어느 누구든지 만물에 계시 된 하나님을 향하여 영광과 감사를 돌릴 수 있으나, 그 반대를 택하였다고 합니다.

만약 인간이 전적타락에 의해 아무것도 스스로 선택할 수 없고, 또한 선택한다 해도 결국은 악으로밖에 치달을 수 없다면 구약과 신약 성경 속에서 바른 선택을 촉구하는 하나님의 음성은 전적으로 무의미한 것이 될 수 있습니다. 특히 선과 악 사이에서 악을 버리고 선을 택하라는 촉구는 옹알이조차 할 수 없는 유아에게 일어나 뛰라는 것과 같은 불가능을 담고 있는 것이 될 것입니다.

> 너희는 살려면 선을 구하고 악을 구하지 말지어다 만군의 하나님 여호와께서 너희의 말과 같이 너희와 함께 하시리라 너희는 악을 미워하고 선을 사랑하며 성문에서 정의를 세울지어다 만군의 하나님 여호와께서 혹시 요셉의 남은 자를 불쌍히 여기시리라(암 5:14-15)

> 너희의 순종함이 모든 사람에게 들리는지라 그러므로 내가 너희로 말미암아 기뻐하노니 너희가 선한 데 지혜롭고 악한 데 미련하기를 원하노라(롬 16:19)

구약과 신약 성경을 통한 이러한 문맥적인 예들을 통하여 최소한 한 가지 분명해지는 것은 인간에게는 비록 수동적인 요소가 강력하게 들어가 있을지라도 하나님의 은혜에 대하여 어떤 반응을 보일 것인가에 대한 결정의 의지는 타락 이후에도 주어져 있다는 것을 알 수 있습니다. 그리고 그러한 의지를 통한 선택으로 구원과 유기의 갈림길 또한 나뉜다는 것을 드러내줍니다. 하지만 분명하게 인지해야 할 것은 하나님의 은혜에 대한 응답이라는 것에는 구원을 위한 인간의 어떤 행위도 첨가되지 않은 은혜에 대한 수동적인 수용만의 응답입니다. 만약 자유의지론을 주장하는 사람들이 인간의 의지를 너무나 앞세운 나머지 믿음이라는 것을 자신의 의로 내세우며 행함으로 삼는다면 그건 분명 잘못된 것이며, 반드시 고쳐야 할 부분입니다. 구원은 100% 하나님의 은혜로 주어지는 것이며 사람이 할 수 있는 것이란 하나님의 그 절대주권적인 구원역사에 수동적으로 감사의 응답인 수용할 것인가, 거부할 것인가의 선택입니다. 이것이 아니라면 예정론에서 가장 두려워하는 부분인 구원이 인간의 행함으로 이루어진다는 율법주의에 빠질 수 있습니다.

5. 예정론과 자유의지론의 대립을 넘어서

이렇게 인간의 의지를 통한 선악의 구별에 대한 촉구와 추구는 구약과 신약 성경 전체를 통하여 계속해서 관통하고 있다는 것은 위에서 살펴보았습니다. 자유의지에 대한 부분이 어느 정도 주어져 있다 할지라도 예정에 대한 모든 문제가 다 풀렸다고 할 수는 결코 없습니다. 자유의지가 존재한다고 예정에 관한 모든 것이 일시에 폐기되는 것은 아니기 때문입니다. 우리는 우리가 선택할 수 없는 무수히 많은 사항들과 함께 삶을 살아가고 있습니다. 우리가 태어난 나라, 지역, 연월일시, 부모, 형제, 자매 등은 우리의 의지와 관계없이 결정되는 것들입니다. 전능자 하나님께서 이 모든 우리의 삶에 대해 아무것도 모르신다는 것은 결코 있을 수 없는 일입니다. 분명한 것은 성경 속에도 예정에 대한 어느 정도의 내용과 만인구원에 대해 알려주는 내용이 동시에 존재한다는 사실입니다. 이 두 가지 사안에 대하여 어떻게 접근해야 할 것인가가 주어진 과제입니다. 하나님은 절대 주권자이시니 하나님이 정의이고, 공의이며, 하나님의 결정이 선이며, 하나님의 생각이 자비이고 긍휼이기에 구원될 자들과 유기될 자들을 하나님의 뜻을 따라 정해놓으셨다는 것에 이의를 제기할 수 있는 자격이 있는 어떤 존재도 없다는 것은 분명합니다. 또 정의와 공의, 자비와 긍휼의 하나님이시기에 이 세상 모든 사람들이 하나님의 자녀들이니 하나님 아버지께서 한 사람도 버리지 않으시고 구원해 주실 것을 확신하는 것도 결코 무리하지 않습니다. 성경은 양쪽을 다 지지하고 있기 때문입니다.

분명히 예정론이 성도들에게 가져다 주는 기쁨과 위안이 있습니다. 복음의 빛에 거하고 있는 성도의 입장에서 볼 때에는 하나님께서 자신을 구원의 길 위에 있게 하신다는 것은 구원으로 예정된 존재라는 것에 대한 확신을 가져다 줍니다. 그리고 자신을 구원하신 그 하나님께서 어떤 상황이든지, 때로 흔들리고, 곁길로 나가고, 죄 가운데 거하고, 심지어는 핍박과 박해의 고통이 극에 달하여 예수 그리스도를 부인할지라도 끝까지 지키셔서 예수님의 재림 때에 구원의 완성을 이루어주실 것이라는 위안을 받을 수 있습니다. 그러므로 예정론은 성도들에게 확신과 위안을 준다는 점에서는 장점이 있습니다.[17] 그러나 역으로 이러한 확신과 위안은 성도들이 신앙의 삶을 가벼이 여길 수 있는 단점이 있으며, "하나님께서 하실거야"라는 말로 얼버무리며 상황 속에서 쉽게 포기하고 안주할 수 있게 하는 요소가 될 수 있습니다. 하나님께서 하실 것이라는 말이 인간편에서 마땅히 해야 할 노력을 제거해 버리는 결과에 도달할 수 있기 때문입니다.

자유의지론은 하나님의 구원 역사에 대하여 인간의 응답

이 요구되는 것이기에 하나님의 역사에 눈을 열고 동참하고자 하는 역동성이 있습니다. 또한 매일의 삶 속에서 하나님께로 향하여 바른 선택을 하며 살아가야 한다는 면에서 책임적인 존재로서 긴장감을 가지고 구원에 동참하는 생동감이 있습니다. 늘 선과 악의 대립이라는 영적전쟁터에서 주의 뜻을 붙잡으려는 애씀이 있습니다. 그러나 반면에 선택에 실패하면 궁극에는 구원을 잃을 수도 있다는 생각이 긴장감을 넘어 때로는 두려움으로 다가와 하나님께 잘보이려는 태도로 율법주의적인 경향으로 나갈 수 있습니다. 적당한 긴장감과 책임의식은 필요하지만 그것이 과하여 하나님을 향한 두려움이 되고, 막중한 책임의식으로 믿음의 삶이라는 미명하에 삶의 무거운 짐을 지고 때로 탈진에 이를 수가 있다면 삶이 참 버거울 것입니다.

신앙의 삶에서 확신과 위안 그리고 삶의 책임의식과 긴장감은 분명히 균형이 필요합니다. "우리는 성경의 이 두 가르침들을 논리적으로 대립시키고 어느 하나를 약화시켜서는 안 됩니다. 이 엄연한 성경의 두 가르침들을 그들이 의도하는 바의 평면에서 통합하여 논리적 긴장 가운데 둘 다를 견지하는 것이 건전한 신앙입니다."[18] 그런 점에서 예정론과 자유의지론은 아직도 대화가 필요합니다. 그리고 서로가 보완해 줄 수 있는 접점을 찾는다면 성도들의 신앙의 삶은 안정 속에서도 책임의식을 잃지 않는 길을 걸어갈 수 있습니다. 그러나 자신의 주장만을 관철시키려 한다면 분열과 다툼은 피할 수 없는 요소가 되고 말 것입니다.

　　만약 칼빈주의를 주창하는 사람들이 알미니우스주의자들을 향하여 하나님의 절대주권에 기인한 은혜의 깊은 바다를 체험치 못한 사람들로 치부하여 다음과 같이 말한다고 생각해 보십시오.

> 그런 까닭에 깊은 바다 속 바닥에까지 내려가 보물을 찾고 만져 보고 환호하는 칼빈주의자들은, 바다에 내려가지 않은채 아직도 보물을 찾고 있는 알미니우스주의자들을 사랑으로 인도하여 이들도 환호하게 해야 할 것이다.[19]

그리고 이러한 칼빈주의에 대하여 알미니우스주의자들이 생각하는 바를 웨슬리의 말을 예로 들면 서로의 감정의 골이 얼마나 깊은지를 알 수 있을 것입니다. 웨슬리는 생애 말년에 감리교에서 추구하는 성도의 거룩한 삶을 이루는데 장애가 되는 요소가 무엇인지에 대한 질문에 일언지하에 '칼빈주의'라고 대답합니다.

질문 74. 감리교파에서 주장하는 마음의 거룩함의 교리를 직접적으로 와해하는 것은 무엇인가?

답변. 칼빈주의다. 하나님의 구원 사역을 중단시키기 위해서 지난 50년 동안 사탄이 사용한 모든 수단들은 이 한 가지 교리보다 훨씬 미치지 못했다. 칼빈주의는 영광에 도달하기에 앞서서 죄로부터의 구원이라는 기초를 공격하고, 구원의 문제를 상당히 다른 쟁점 위에 올려놓는다.[20]

이렇게 서로가 서로를 교화시키고, 변화시켜야만 한다고 주장하는 곳 그리고 서로가 문제라고 인식되는 부분만을 확대시켜 비난을 가하는 곳에는 결코 화합과 연합이라는 것은 존재할 수 없습니다. 서로가 문을 열고 변화와 화합의 길을 모색할 필요가 있습니다. 왜냐하면 예정론이 뿌리내리고 있는 칼빈주의 5대 강령에서도 수정이 불가피한 부분이 있으며, 자유의지론 또한 문제가 없는 것은 결코 아니기 때문입니다.

이런 모든 사안들을 종합하여 이곳에서 내릴 수 있는 결론은 칼빈의 자유의지가 제외된 이중 예정론도, 알미니우스의 예정이 제외된 자유의지론도 서로 수정되고, 보완되고 조화를 이루어야 한다는 것입니다. 구약과 신약을 통해 얻어진 결론은 이중예정만도 아닌 자유의지만도 아닌 자유의지가 포함된 선택적 예정론이 그 새로운 답이 될 수 있습니다. 이런 결론에 도달하게 된 경위는 하나님의 계획과 인간의 응답이 만나 역사가 진행된다는 점에서 예정과 자유의지가 함께 작용하고 있기 때문입니다. 여기서 선택적 예정이라는 것은 축복의 길과 저주의 길, 선과 악 중에서 어떤 길을 선택하느냐에 따라 하나님께서 예정하신 내용이 다르게 적용되는 것입니다. 이미 예정이 되어 있지만 단순히 구원이냐, 유기냐의 이중 예정이 아니라, 다중 예정이 되는 것입니다. 예를 들면 선과 악 중에서 선을 택할 때의 예정과 악을 택할 때의 예정으로 나뉘며, 선 중에서 어느 정도의 강도로 순종의 길을 가느냐, 악 중에서도 어느 정도의 강도로 불순종의 길을 가느냐에 따라 다양하게 예정되어 있다는 것입니다. 복잡하지 않겠느냐고 하지만 전능하신 하나님께 불가능한 것이 무엇일까요?

거룩하신 이가 이르시되 그런즉 너희가 나를 누구에게 비교하여 나를 그와 동등하게 하겠느냐 하시니라 너희는 눈을 높이 들어 누가 이 모든 것을 창조하였나 보라 주께서는 수효대로 만상을 이끌어 내시고 그들의 모든 이름을 부르시나니 그의 권세가 크고 그의 능력이 강하므로 하나도 빠짐이 없느니라(사 40:25-26)

하늘의 만상은 모든 별들을 뜻하는데 그 수도 셀 수 없을 만큼 많은 별들을 이름으로 부르시는 하나님이시니 우리의 다양한 선택에 따라 우리의 길을 다중으로 예정하지 못하실 분이 아니시니 오히려 더 신뢰할 수 있을 것입니다. 하나님께서도 그러한 길을 예고하셨습니다.

> 인자야 너는 네 민족에게 이르기를 의인이 범죄하는 날에는 그 공의가 구원하지 못할 것이요 악인이 돌이켜 그 악에서 떠나는 날에는 그 악이 그를 엎드러뜨리지 못할 것인즉 의인이 범죄하는 날에는 그 의로 말미암아 살지 못하리라 가령 내가 의인에게 말하기를 너는 살리라 하였다 하자 그가 그 공의를 스스로 믿고 죄악을 행하면 그 모든 의로운 행위가 하나도 기억되지 아니하리니 그가 그 지은 죄악으로 말미암아 곧 그 안에서 죽으리라 가령 내가 악인에게 말하기를 너는 죽으리라 하였다 하자 그가 돌이켜 자기의 죄에서 떠나서 정의와 공의로 행하여 저당물을 도로 주며 강탈한 물건을 돌려 보내고 생명의 율례를 지켜 행하여 죄악을 범하지 아니하면 그가 반드시 살고 죽지 아니할지라 그가 본래 범한 모든 죄가 기억되지 아니하리니 그가 반드시 살리라 이는 정의와 공의를 행하였음이라 하라(겔 33:12-16)

그렇다고 예정론과 자유의지론이 서로 합일점에 도달하기 위해 이렇게 다중 예정에 대한 내용을 모두가 따라야 하고 믿어야 한다고 생각하지는 않습니다. 어느 것을 따르느냐가 구원이냐, 아니냐를 판가름하는 시금석이 결코 아니기 때문입니다. 구원은 하나님께서 이 땅에 보내신 구원자 예수 그리스도를 믿는 것이며, 그를 믿은 자마다 멸망치 않고 영생을 얻는 것이기 때문입니다.요3:16 만약 어떤 주의나 교리를 따라가느냐, 아니냐에 따라 "구원이 있다, 없다"라고 판가름한다면 그것이 곧 이단의 소지가 있는 것입니다. 그러므로 예정론이든, 자유의지론이든 구원에 있어서의 하나님의 절대주권만큼은 반드시 동일해야 합니다. 즉 복음적 예정론, 복음적 자유의지론이어야 서로 최소한의 대화가 가능할 것이기 때문입니다. 복음적 예정론은 구원도, 삶도 하나님의 절대주권으로 이끄신다는 것이고, 복음적 자유의지론은 절대주권으로 인한 구원에 응답하여 매일의 삶 속에서 바른 선택으로 구원에 이른다는 것입니다.

이 두 주장이 결론적으로 제시한 다중예정론을 수용하여 합일점에 도달하지 않더라도 어느 정도 서로를 인정하고 공감할 수 있는 길은 있습니다. 예를 들면 어떤 사람이 결국 예수 그리스도를 영접하지 않고 지금 이 순간 생을 마감했다면 이중예정론에서는 그 사람은 유기로 예정된 사람이라고 말할 수 있을 것입니다. 그리고 자유의지론에서는 안타깝지만 마지막 순간까지 예수 그리스도의 값없이 주시는 구원의 은혜를 거부하고, 잘못된 선택으로 생을 마감한 것이라고 여길 수 있습니다. 그리고 예수 그리스도와 함께 생을 마감하는 사람이라면 감사하게도 구원으로 예정된 존재라는 확증이 주어졌다고 볼 수 있고, 혹은 하나님의 은혜에 바르게 응답하여 삶을 이끌어 온 사람이라고 여길 수 있을 것입니다. 이와 같이 과거에서 현재에 이르는 시간 안에 벌어진 사건들에 대하여 서로의 대립 없이 용납할 수 있을 것입니다. 그리고 성도로 구원의 길에 들어서 있는 한 사람이 자신의 과거를 돌아볼 때에도 동일할 수 있을 것입니다.

이렇게 주님을 믿는 자가 되어 그리고 현재 나의 믿음에 대해 생각해 봤을 때, '아! 분명히 내가 믿기 전에 내가 알지도 못하는 사이 성령께서 내게 임하셔서 그의 은혜로 나의 보지 못하는 영적인 눈을 뜨게 하시고, 나로 하여금 십자가에 달린 예수를 하나님의 아들로 인정하게 하고, 그가 나의 죄를 위해 돌아가셨다는 것을 받아들이게 하고, 나의 강퍅한 의지를 꺾어 그에게 순종하게 했구나' 하는 것을 깨닫게 됩니다. 곧 내가 믿는 순간에는 그 복음을 받아들이겠다고 내가 결단한 듯 했으나 믿는 자가 되고 보니 나로 하여금 믿도록 성령께서 미리 역사 하셨구나 하는 것을 깨닫게 된다는 것입니다.[21]

이와 같은 고백은 예정론을 따르든, 자유의지론을 따르든 동일할 것이라 생각합니다. 과거에서 현재까지를 돌아보면 굽이굽이 하나님의 은혜의 손길이 여기까지 인도하신 주체였다는 것을 확신 있게 고백할 수밖에 없기 때문입니다.

이렇게 현재에서 과거를 돌아보면 모두가 동일하게 하나

님의 인도하심을 고백할 수 있는데 현재에서 미래를 바라보면 모든 것이 열려진 상태입니다. 모든 것이 미래를 향하여 활짝 열려 있기에 예정론과 자유의지론이 일치를 볼 수 있는 것은 현재에서 미래에 이르는 시간 속에서 특히 더욱 가능할 수 있을 것입니다. 어느 누구도 확신있게 말할 수 없는 것이 누가 구원으로 예정되었고, 누가 유기로 결정되어 있는지에 대한 사실입니다. 그리고 누가 믿음의 길을 선택하고, 누가 거부할 것인지에 대한 사실입니다. 그러므로 현재에서 미래에 이르는 우리의 삶은 예정론에서 말하는 구원인지, 유기인지, 자유의지론에서 말하는 선택인지, 거부인지에 대해 알 수가 없습니다. 그래서 모든 것이 열려 있다는 것입니다. 만약 그것이 이미 정해져 있을지라도 하나님만이 아실 일입니다. 설사 어떤 사람이 현재 우리가 전하는 복음을 거부한다고 해서 그 사람이 예정론에서 말하는 유기되기로 정해진 사람이라고 혹은 자유의지론에서 말하는 스스로 거부하는 사람이라고 우리는 단정지을 수 없습니다. 그 사람이 죽기 전까지 어떤 일이 벌어질지는 아무도 모르고, 하나님만이 아시는 사실이기 때문입니다.

만약 하나님께서 예정론에 대한 교리를 확고하게 세우시기를 원하셨다면 이 세상 모든 사람에 대한 예정을 보여주셔야 할 것입니다. 그런데 성경은 어느 순간 기록이 닫혔습니다. 성경이 닫힌 이유는 이제 이것을 가지고 우리가 어떤 상황 속에서든지 삶의 길을 바르게 깨달아 선택하며 갈 수 있다는 확신이 있으셨기에 가능했을 것입니다. 지금 우리는 우리에 대해 어떻게 예정되어 있는지를 알 수 없고, 찾을 수 없습니다. 단지 성경 속에 기록된 사건들 속에서 하나님께서 뜻하신 바가 무엇인지를 알 수 있을 뿐입니다. 그러므로 우리의 일생이 어떻게 예정되어 있는가가 중요한 것이 아니라 하나님의 말씀을 통해 오늘을 살아가는 길을 제시받는 것이 중요합니다. 즉 어떻게 예정되었느냐가 아닌, 생명의 교훈이 되는 말씀으로 매일매일 인도받는 것이 절실히 필요한 것입니다.

이제 우리가 은혜 안에 있는 사람들이라면 주어진 현재와 미래를 최선을 다해 구원받은 자로서 살아가며, 그 구원의 대열에 한 사람이라도 더 포함시키기 위해 최선을 다해야 할 것입니다. 어떤 사람이 구원될 자인지, 유기될 자인지 알 수 없기에 우리는 모든 사람에게 복음을 전하기 위해 최선을 다해야 합니다. 이점에 있어서는 구원과 유기가 결정되어 있다는 예정론이나, 믿음의 선택에 달려 있다고 보는 자유의지론이나 동일할 것입니다.

그래서 하나님의 예정이라는 절대주권적 은혜를 강조하는 칼빈주의자들도 모든 믿지 않는 사람들을 향한 "기대감을 가진 복음전도는 모든 그리스도인의 의무이다"라고 외치는 것이 낯설지 않게 될 것입니다. 그리고 계속해서 "우리들의 관점에서 본다면 유기된 사람들이 누구인지 알 수 없다. 그러므로 우리는 유기된 사람 중 심지어 단 한 사람이라도 만났다고 결코 확신할 수는 없다"는 고백이 가능할 것입니다.[22] 또한 자유의지를 주창하는 알미니우스주의자들도 모든 사람들을 향하여 복음의 문을 활짝 열고 한 사람이라도 더 바른 의지적 선택과 고백이 일어날 때마다 이 모든 것이 하나님의 절대적 은혜라는 것을 고백할 수 있을 것입니다. 하나님께서 믿음으로 응답할 수 있기까지 역사하신 은혜는 결코 인간에 의해 조작될 수 없는 하나님의 절대주권이며, 사랑이기 때문입니다. 그리고 그것이 하나님께서 이미 예정하신 구원이라 한들 무엇이 문제이겠습니까? 어느 쪽이든 그 입술에서 "하나님께서 하셨습니다"로 결론에 이른다면 해될 것이 없을 것입니다.

그러므로 서로의 교리에 대한 논쟁을 멈추고, 하나님께서 부여해 주시기를 간절히 소망하시는 영생의 기쁨을 먼저 누리고 있는 자로서, 구원될 것인지, 유기될 것인지 아무도 알 수 없는 온 세상 모든 사람들을 향하여 우리가 죽기까지, 혹은 그들이 죽기까지 증거하는 사명을 함께 걸어가면 될 것입니다. '신단동론monergism'의 예정론이든, '신인협동론synergism'의 자유의지론이든 한 사람이라도 더 하나님께서 주실 구원의 기쁨을 누리기를 소망하는 면에서는 결코 다름이 없을 것이기 때문입니다. 이렇게 논쟁을 멈추고 소명의 길을 걷기 위해 우리에게 더욱더 절실하게 필요한 것은 우리 구주 예수 그리스도의 놀라운 은혜에 바탕을 둔 행함일 것입니다.

제 4 장

은혜인가, 행함인가?

GRACE OR DEEDS?

그리스도인으로 살아가며 어려운 질문들 앞에 설 때가 있습니다. 그 중에서 쉬운 듯하면서도 어렵고, 손에 잡힐 듯하면서도 교묘하게 빠져나가는 질문이 있습니다. 바로 "은혜로 구원받는 것인가, 행함으로 구원받는 것인가?"라는 질문입니다. 이것을 다른 말로 바꾸면 "믿음인가, 율법인가?"라는 질문이 될 것입니다. 복음의 핵심은 분명 하나님의 은혜로 의롭다함을 받는 것이고 구원이 있는 것이라고 합니다. 그런데 하나님의 말씀인 성경을 읽노라면 흡사 무엇을 행해야 구원을 받는 것 같은 오해를 불러일으키는 내용들이 상당히 많이 존재합니다. 명확한 이해가 없이는 늘 혼선을 빚을 수밖에 없는 상황이 연출될 수 있습니다.

　　"은혜인가, 행함인가?"라는 질문에 "은혜로만 구원받는

다"라는 쪽에 손을 들어주면 복음서에 나타난 마지막 심판대에서의 상황을 말하는 세 가지 사건만 살펴보아도 충돌의 소지가 충분히 있습니다. 예수님께서 십자가를 지기 위해 예루살렘에 입성하셨을 때 마태복음 21장에서 25장까지 마지막 가르침이 주어집니다. 마태복음 25장까지의 가르침이 끝나자마자 26장의 시작은 예수님의 가르침이 끝이 났다는 것을 선언하며 십자가의 길로 나아가십니다.

> 예수께서 이 말씀을 다 마치시고 제자들에게 이르시되 너희가 아는 바와 같이 이틀이 지나면 유월절이라 인자가 십자가에 못 박히기 위하여 팔리리라 하시더라(마 26:1-2)

이렇게 마태복음 21-25장의 내용은 십자가 지시기 전의 마지막 가르침이라는 점에서 분명히 미래를 준비시키기 위한 목적이 있을 것임을 직감해 볼 수 있습니다. 그 미래란 다름 아닌 예수님의 재림일 것입니다. 그러므로 마태복음 21-25장까지에 나와 있는 이야기들은 바로 예수님의 재림의 때를 예비하기 위한 내용들이 될 것입니다. 마지막 심판에서 어떤 결론에 이르게 될 것인가, 해피엔딩이 될 것인가, 새드엔딩이 될 것인가를 가름 짓는 사건들이 될 것이기에 생명처럼 소중합니다. 그 중에서 마지막 부분인 마태복음 25장에 나타나는 몇 가지 비유를 다루어 보면 은혜로 구원에 이르는지, 행함으로 구원에 이르는지를 살펴볼 수 있을 것입니다.

1. 행함으로 구원 받는다는 오해를 주는 내용들

마태복은 25장에는 예수님의 재림을 준비하는 세 가지의 비유가 등장합니다. 첫 번째 비유는 열 처녀 비유입니다. 열 처녀 모두 신랑을 기다리고 있습니다. 물론 신랑은 다시 오실 예수님을 의미합니다. 그런데 다섯은 미련하고, 다른 다섯은 슬기롭다고 합니다. 미련한 자들은 등은 가지고 있으나, 기름이 예비되어 있지 않고, 슬기로운 자들은 등과 기름을 다 준비해 두고 있습니다. 신랑이 더디 오므로 모두 졸고 있을 때 밤중에 신랑이 오는 소리에 다 일어나 신랑을 맞이하는데 미련한 자들이 슬기로운 자들에게 등불이 꺼져가니 기름을 좀 나누어 달라고 합니다. 그런데 나누어 줄 수 없다고 합니다. 그리스도인들은 부족하다 느낄지라도 서로에게 없는 부분을 조금씩이라도 메워주며 나누는 삶이 되어야 한다는 것이 분명합니다. 설사 서로 나누다 불이 꺼지는 한이 있어도 나누는 것이 예수님의 가르침이며 그리스도인의 정신일 것입니다. 하물며 생명까지도 나누어야 하는데 기름 정도이겠습니까?

새 계명을 너희에게 주노니 서로 사랑하라 내가 너희를 사랑한 것 같
이 너희도 서로 사랑하라 너희가 서로 사랑하면 이로써 모든 사람이
너희가 내 제자인 줄 알리라(요 13:34-35)

내 계명은 곧 내가 너희를 사랑한 것 같이 너희도 서로 사랑하라 하
는 이것이니라 사람이 친구를 위하여 자기 목숨을 버리면 이보다 더
큰 사랑이 없나니 너희는 내가 명하는 대로 행하면 곧 나의 친구라(요
15:12-14)

그런데 여기서 나누어줄 수가 없다는 것은 곧 종말의 때
에 심판대 앞에서 결코 나누어 줄 수 없는 성질의 것이 있다는 것
을 의미합니다. 등불과 기름이 준비된 다섯 처녀는 혼인 잔치에
들어가고 문이 닫혀버립니다. 그리고 미련한 다섯 처녀는 망연자
실 그저 닫힌 문을 두드리며 '주여, 주여 열어주소서'만 외칠 뿐입
니다. 그 때 신랑이신 예수님께서 엄중하게 선포하십니다. 이 선
포 속에 나누어줄 수 없는 성질의 기름이 무엇을 의미하는지가 어
렴풋이 등장합니다.

대답하여 이르되 진실로 너희에게 이르노니 내가 너희를 알지 못하노
라 하였느니라 그런즉 깨어 있으라 너희는 그 날과 그 때를 알지 못하
느니라(마 25:12-13)

분명히 이 미련한 처녀들이 '주여, 주여'라고 부르는 것을 보면 예수님을 몰랐던 사람들이 아님을 알 수 있습니다. 예수님을 따랐던 사람들이 분명합니다. 그런데 기름이 준비되지 않았습니다. 분명 예수님을 주로 고백했는데 기름이 준비되지 않았더니 예수님께서 "내가 너희를 알지 못한다"라는 선언을 하십니다. 그 기름이 무엇인가를 알 수 있는 길은 마지막으로 그렇게 되지 않기 위해서 해야 할 일이 무엇인가를 알려 주시는 것에 힌트가 들어가 있을 것입니다. 바로 "그런즉 깨어 있으라"에 답이 있을 것입니다. 깨어 있는 것이 바로 그리스도인들에게 기름을 준비하는 삶인 것입니다. 여기서 드러나는 것은 '주여, 주여'라고 부르는 것에 구원이 있는 것이 아니라, 그 후에 깨어 있는 행함이 있어야 천국 잔치에 들어갈 수 있다는 것을 보여 주고 있는 것입니다. 산상수훈에서 주신 예수님의 말씀이 그대로 입증되는 것입니다.

나더러 주여 주여 하는 자마다 다 천국에 들어갈 것이 아니요 다만 하늘에 계신 내 아버지의 뜻대로 행하는 자라야 들어가리라 그 날에 많은 사람이 나더러 이르되 주여 주여 우리가 주의 이름으로 선지자 노릇 하며 주의 이름으로 귀신을 쫓아 내며 주의 이름으로 많은 권능을 행하지 아니하였나이까 하리니 그 때에 내가 그들에게 밝히 말하되 내가 너희를 도무지 알지 못하니 불법을 행하는 자들아 내게서 떠나가라 하리라(마 7:21-23)

그 다음에 두 번째로 나타나는 비유는 열 처녀 비유에 나타난 기름, 즉 깨어 있는 삶이 구체적으로 어떤 것인지를 보여주는 내용이 될 것이란 점에서 서로 연관성을 가지고 있습니다. 바로 달란트 비유입니다. 한 주인이 타국에 갈 때 종들에게 그들의 재능대로 각각 자기 소유를 맡깁니다. 세 명의 종들이 다섯 달란트, 두 달란트, 한 달란트를 각각 받았는데 오랜 후에 주인이 돌아와 결산을 받습니다. 이것은 곧 예수님의 재림 때를 뜻합니다. 다섯 달란트와 두 달란트 받은 사람들은 그것으로 일하여 각각 그만큼의 수익을 남겼습니다. 주인의 칭찬은 액수에 관계없이 동일합니다: "잘하였도다 착하고 충성된 종아 네가 적은 일에 충성하였으매 내가 많은 것을 네게 맡기리니 네 주인의 즐거움에 참여할지어다." 그러나 한 달란트 받은 사람은 그것을 묵혀 두었다가 한 달란트를 가지고 와서는 주인을 향하여 "당신은 굳은 사람이라 심지 않은데서 거두고, 헤치지 않은데서 모으는 줄 알았으므로 땅에 묻어 두었다 가져왔습니다"라고 합니다. 한 마디로 주인의 뜻을 오해하고 왜곡하여 불평하며 아무것도 하지 않았다는 것을 의미하는 것입니다. 자신에게는 한 달란트 밖에 주지 않았으면서 많은 것을 원하는 이기적이고, 악독한 주인이라는 것입니다. 하지만 주인은 받은 만큼만 행하기를 원했을 뿐입니다. 그리고 한 달란트도 결코 작은 액수가 아닙니다. 금이 36킬로그램이란 점에서 현재 시가로 따지면 거의 30억에 가까운 돈입니다. 이 종을 향하여 그 주인이 심각하게 응수합니다. 심각한 정도가 아니라 무섭게 응수합니다.

그 주인이 대답하여 이르되 악하고 게으른 종아 나는 심지 않은 데서 거두고 헤치지 않은 데서 모으는 줄로 네가 알았느냐 그러면 네가 마땅히 내 돈을 취리하는 자들에게나 맡겼다가 내가 돌아와서 내 원금과 이자를 받게 하였을 것이니라 하고 그에게서 그 한 달란트를 빼앗아 열 달란트 가진 자에게 주라 무릇 있는 자는 받아 풍족하게 되고 없는 자는 그 있는 것까지 빼앗기리라 이 무익한 종을 바깥 어두운 데로 내쫓으라 거기서 슬피 울며 이를 갈리라 하니라(마 25:26-30)

그 주인은 최소한 한 달란트를 은행에만 맡겨 놓아도 이자가 붙을 텐데 종이 게을러 아무것도 하지 않았다고 말합니다. 그리고는 악하고 게으른 종이라 하며 '바깥 어두운데로 내어 쫓으라 거기서 슬피 울며 이를 갈 것이라'고 합니다. 구원이 없다는 것을 의미합니다. 만약 이 한 달란트 받은 자가 예수 그리스도를 알지 못하였던 사람이라면 신학적으로 더욱 심각한 일이 벌어집니다. 반드시 달란트를 남겨야 구원의 길로 갈 수 있는데 그것을 하지 않았기 때문에 구원에서 제외되는 것이라면 구원이 행함으로 이루어진다는 오류에 빠지게 됩니다. 그러나 결코 그렇지 않습니다. 구원은 예수 그리스도의 보혈의 공로로 값없이 선물로 주어진다는 것을 믿기만 하면 되는 것입니다. 그렇다면 달란트 비유는 값없이 받은 구원에 어떻게 응답하느냐는 이후의 삶을 말하는 것이 분명합니다.

여기서 열 처녀 비유에서 한 걸음 더 나아갈 수 있는데, 기름이 깨어 있는 삶을 의미했다면 달란트 비유에서는 그것이 더욱 명확해집니다. 깨어 있어 기름을 남기는 삶은 곧 받은 달란트를 가지고 일하여 그 만큼을 남기는 삶임을 알 수 있습니다. 즉 기름은 곧 일하여 달란트를 남기는 것이 되는 것입니다. 그리고 그 달란트를 남기는 삶이 또한 깨어 있는 삶인 것입니다. 미련한 다섯 처녀가 남겨져 "주여, 주여 열어주소서"라고 부르짖는 장소가 곧 바깥 어두운 데로 내 쫓겨 슬피울며 이를 가는 장소인 것입니다. 그리고 깨어 있어 마련한 기름, 즉 남긴 달란트가 정확하게 무엇인지를 더욱 정확하게 보여주는 것이 바로 그 다음에 주어진 양과 염소를 가르는 비유입니다.

세 번째 비유는 마지막 심판대에서 양과 염소로 나누어 판결하는 내용입니다. 이 세 번째에 이르러서는 정확하게 언제 벌어질 것인지를 명시합니다.

인자가 자기 영광으로 모든 천사와 함께 올 때에 자기 영광의 보좌에 앉으리니 모든 민족을 그 앞에 모으고 각각 구분하기를 목자가 양과 염소를 구분하는 것 같이 하여 양은 그 오른편에 염소는 왼편에 두리라(마 25:31-33)

이 비유들이 모두 예수님의 재림 때를 향하고 있다는 것을 알 수 있습니다. 양은 오른편에 염소는 왼편에 둘 것인데 오른편의 양을 향하여는 예수님께서 "내 아버지께 복 받을 자들이여 나아와 창세로부터 너희를 위하여 예비된 나라를 상속받으라"고 하시며, 그 이유로 "내가 주릴 때에 너희가 먹을 것을 주었고 목마를 때에 마시게 하였고 나그네 되었을 때에 영접하였고 헐벗었을 때에 옷을 입혔고 병들었을 때에 돌보았고 옥에 갇혔을 때에 와서 보았다"라고 하십니다. 이들이 이구동성으로 "우리가 언제 주께 그리하였습니까?"라고 질문하자, "가장 작은 자에게 한 것이 내게 한 것이라"고 응답하십니다. 바른 행함으로 살았다는 것입니다. 그러나 그 반대편에 있는 염소들에게는 "저주를 받은 자들아 나를 떠나 마귀와 그 사자들을 위하여 예비된 영원한 불에 들어가라"고 하십니다. 분명 양들과는 궁극적으로 예비된 것이 다르다는 것을 알 수 있습니다. 다른 것을 넘어서 상반된다는 것이 치명적입니다. 그 이유는 양들이 행한 것과 정반대의 삶을 말합니다. "내가 주릴 때에 너희가 먹을 것을 주지 아니하였고 목마를 때에 마시게 하지 아니하였고 나그네 되었을 때에 영접하지 아니하였고 헐벗었을 때에 옷 입히지 아니하였고 병들었을 때와 옥에 갇혔을 때에 돌보지 아니하였다"하십니다. 역시 이들도 놀라며 질문합니다.

그들도 대답하여 이르되 주여 우리가 어느 때에 주께서 주리신 것이나 목마르신 것이나 나그네 되신 것이나 헐벗으신 것이나 병드신 것이나 옥에 갇히신 것을 보고 공양하지 아니하더이까 이에 임금이 대답하여 이르시되 내가 진실로 너희에게 이르노니 이 지극히 작은 자 하나에게 하지 아니한 것이 곧 내게 하지 아니한 것이니라 하시리니 그들은 영벌에, 의인들은 영생에 들어가리라 하시니라(마 25:44-46)

여기서 결론은 참으로 공포스럽습니다. 달란트 비유에서는 바깥 어두운데서 슬피 울며 이를 갈 것이라고 하시고, 양과 염소의 비유에서는 그것이 곧 영벌이 될 것이라 하십니다. 그리고 행함으로 살아온 의인들은 영생에 들어간다고 합니다. 이러한 갈림길이 작은 자에게 '행한 것'과 '행하지 않은 것'으로 인해 갈라진다는 점에서 혼선을 가져옵니다. 그렇다면 행함으로 구원받고 천국의 영생을 얻는 것이고, 행하지 않는 것은 지옥의 영벌을 받는 것일까요?

이러한 오해를 불러일으키는 것은 열 처녀 비유부터 시작하여, 달란트 비유로 연결되고, 마침내 양과 염소를 가르는 비유에서 그 절정에 이릅니다. 이 세 가지 비유는 떨어져 있는 내용들이 아니라, 점점 더 명확하게 어떤 행함이 있어야 하는가를 제시해 주는 쪽으로 일관성 있게 흘러갑니다. 열 처녀 비유에서 깨어 있어 마련하는 기름은 달란트 비유에서 일하여 남긴 달란트가 되고, 마침내는 양과 염소를 가르는 비유에서 "작은 자에게 행한 것"이 됩니다. 그리고 문이 닫혀 버린 것은 곧 바깥 어두운데서 이를 갈며 슬피 우는 것이며, 이는 곧 영벌을 받는 장소임을 알 수 있습니다. 기름, 달란트, 작은 자에게 한 것으로 연결되며 깨어 있는 삶이 무엇인지가 점점 구체화 됩니다. 행함과 영생이 직결되어 있다는 결론입니다. 그렇다면 행함이 영생으로 들어가는 길인가라는 질문을 야기시킵니다.

여기서 "양과 염소를 양은 믿는 자들인 그리스도인들 을, 염소는 믿지 않은 비그리스도인 세상 사람을 말하는 것이다"라고 생각하는 분이 있을 수 있습니다. 그러나 그렇지 않습니다. 이 사람들은 다 교회 안에 있는 사람들이며, 스스로 그리스도인이라 생각하는 사람들이 분명합니다. 왜냐하면 양과 염소 모두 다 임금을 알아보고 있기 때문입니다. 그리고 그 임금을 양쪽 다 '주여'라는 '큐리오스'로 부릅니다. 이는 곧 마지막 심판대 앞에서 예수님을 주라고 고백한 사람들이 받는 심판을 이야기하고 있습니다. 그러므로 열 처녀 모두도, 각각의 달란트를 받은 사람들도, 양과 염소도 다 우리와 같은 그리스도인을 의미하는 것입니다. 그러나 교회 안에 있다고, 예수님을 입술로 주로 찬양한다고 모두가 참 그리스도인인 것은 아닐 것입니다. 이 세상에는 무늬만 그리스도인인 사람들 또한 참 많을 것입니다.

이 비유들은 그리스도인들을 위협하거나, 두려움이나, 공포심을 조장하기 위해서 주어진 것이 아닙니다. 우리가 분명하게 알고 있지 않으면 언제든지 혼선을 빚을 수 있고, 잘못된 신앙관을 가질 수 있기 때문에 바른 복음을 정립하기 위해서 우리 그리스도인들에게 주어진 것입니다. 이 세 가지 비유를 종합해 보면 흡사 은혜로만 구원에 이르는 것이 아니라, 행함으로 구원에 이르고 영생에 들어가는 것임을 확증해 주는 듯합니다. 이제 해결해야 할 것은 은혜로만 구원받는 것이 진리이며, 복음의 진수인데 왜 마지막 심판대에서는 이렇게도 행함이 강조되고 있는가에 대한 분명한 이유를 찾는 것입니다.

2. 복음의 본질 - 신약

우리는 분명히 알고 있습니다. 구원은 결코 우리의 노력이 아닌 은혜로만 이루어진다는 진리를 말입니다. 이것은 아무리 강조해도 지나침이 없는 불변의 진리이며, 복음입니다. 로마서는 그 구원의 복음을 가장 심도 있게, 그러면서도 가장 명확하게 제시해 주고 있습니다.

그러므로 율법의 행위로 그의 앞에 의롭다 하심을 얻을 육체가 없나니 율법으로는 죄를 깨달음이니라 이제는 율법 외에 하나님의 한 의가 나타났으니 율법과 선지자들에게 증거를 받은 것이라 곧 예수 그리스도를 믿음으로 말미암아 모든 믿는 자에게 미치는 하나님의 의니 차별이 없느니라 모든 사람이 죄를 범하였으매 하나님의 영광에 이르지 못하더니 그리스도 예수 안에 있는 속량으로 말미암아 하나님의 은혜로 값없이 의롭다 하심을 얻은 자 되었느니라(롬 3:20-24)

우리는 늘 고백합니다. 죽을 수밖에 없는 죄인, 아무것도 아닌 존재, 이 세상에서 먼지같이 사라질 존재였다는 것, 세상 죄악 가운데 뒹굴다 그렇게 사라져 버릴 존재였다는 것입니다. 인간 스스로는 결코 그 죄악의 굴레에서 벗어날 수가 없습니다. 죄가 없었던 존재인 아담이 죄 가운데 빠졌기 때문에 그와 같이 흠이 없는 존재만이 인간을 죄에서 구할 수 있습니다. 그러나 이 땅에 존재하는 어떤 인생도 무흠하지 않기에 구원은 결코 이 땅으로부터 올 수가 없습니다. 모든 인생이 다 죄 가운데 빠져 있다는 것은 변할 수 없는 사실이기 때문입니다.[시14편, 53편] 우리가 아무리 많은 선행을 해도 그 행함으로는 결코 의로움에 도달할 수가 없습니다. 왜냐하면 우리 스스로는 우리의 죄를 없앨 수가 없으며, 하나님과의 관계를 회복할 자격조차 없기 때문입니다. 죄 없고, 흠 없는 생명만이 우리의 죄를 사하며, 우리를 의롭다할 수 있는 유일한 길입니다. 그런데 하나님께서 육신을 입고 이 땅에 오셔서 그 놀라운 구원의 역사를 우리에게 베풀어 주셨습니다. 하나님의 영광의 본체이신 예수 그리스도께서 그 영원하신 생명을 내어주신 보혈의 공로로만 이 구원이 이루어집니다. 이것을 다른 말로 바꾸면 '은혜'입니다.

이 크고 놀라운 은혜, 영원하신 생명을 내어주신 이 은혜를 어떻게 표현할 수 있을까요? 인간의 방식으로 이것이 제대로 표현 가능할까요? 예수님께서도 궁여지책으로 이 은혜를 '일만 달란트 탕감 받은 사람'의 이야기로 표현하십니다.[마18장] 돈이 가장 피부에 와 닿는다는 점에서 예로 드신 것입니다. 한 달란트가 금 36킬로그램으로 현 시가로 약 30억 정도 된다는 점에서 일만 달란트는 약 30조 정도 되는 돈입니다. 그 당시 이스라엘이라는 식민지 나라가 로마라는 종주국에 일 년에 바치는 세금이 금 800달란트 정도였으니 한 개인이 빚진 일만 달란트가 어느 정도 액수인지 비교해 볼 수 있습니다. 이렇게 그 당시로는 아무도 갚을 수 없는 것을 표현하고자 했던 의도였다면 요즘은 이 정도 돈을 가진 재벌들은 흔합니다. 삼성가가 약 400조의 재산을 가지고 있다 하고, 세계 최고의 재벌인 아마존 창업자인 제프 베조스는 그 몇 배의 재산을 가지고 있다고 합니다. 지금 시대로 이 비유를 개작한다면 수천 조의 빚을 졌고, 그것을 탕감 받았다는 것이 됩니다. 그렇게 누군가가 엄청난 빚을 탕감해 주었다면 전화로 그 사람의 목소리만 들어도 반사적으로 몸이 벌떡 일어나게 될 것이고, 그 사람 앞을 지나가면 몸이 일어나는 것은 물론이거니와 머리와 허리도 저절로 90도로 숙여질 것입니다. 이것은 억지로가 아니라, 받은 것이 너무도 커서 저절로 몸이 움직이는 것이라는 점에서 은혜가 어떤 응답을 가능케 하는지를 보여줍니다. 어느 누군가가 내 앞에서 차문을 열어주어도 '감사합니다'라는 말이 나가며, 비가 올 때 우산을 씌워주어도 그보다 더한 감사의 마음을 표현합니다. 이렇게 생명과 전혀 관계없는 일에도 감사할진대, 도저히 죗값을 치를 수 없어 하나밖에 없는 목숨마저 잃어야 하는 상황에서의 구원은 얼마나 더할 것인가를 생각해 보십시오. 사람이 온 천하를 얻고도 목숨을 잃으면 무슨 소용이 있겠습니까? 바로 그것이 우리 구주 예수 그리스도의 보혈의 공로이니 그 은혜를 생각하면 삶이 저절로 움직이는 것은 당연하지 않을까 생각합니다. 만약 그럼에도 삶이 움직이지 않는다면 그것은 은혜를 기억하지 않는 것이니 그런 사람은 '배은망덕한 자'라고 할 것입니다. 한 달란트 받은 자가 바로 그런 배은망덕한 자인 것입니다. 그런 자는 모든 달란트를 다 잃을 수 있고, 오히려 은혜에 바르게 응답하는 다섯 달란트 받은 자에게 그 달란트가 돌아갈 수 있습니다. 때로 교회에서도 은혜에 응답하는 사람들이 소수인지라 기쁨으로 응답하는 사람들에게 두 가지, 세 가지 사역이 주어지는 것 또한 우연은 아닐 것입니다. 그러나 지혜롭게 하여야 할 것입니다. 은혜로 능히 감당할 수 있다면 가능하지만 너무 무리가 된다면 안타깝게 불평이 될 수 있기 때문입니다. 이러한 은혜와 저절로 우러나오는 반사적인 반응을 더불어 살펴볼 때 우리 그리스도인에게는 결코 행위가 앞서는 것이 아니라, 반드시 값 없이 베풀어 주시는 은혜의 구원이 앞서간다는 사실을 알 수 있습니다.

그렇다면 이제 이처럼 갚을 수 없는 은혜에 대한 감사로 가득 차 있는 사람은 더 이상 죄 된 삶으로 돌아가지 않고, 기꺼이 은혜에 응답하는 삶으로 나아갈 것입니다. 그래서 은혜 다음에는 분명한 삶의 길이 제시됩니다. 바울 사도를 통해서 보여준 구원받은 자의 길은 분명합니다.

그러므로 형제들아 내가 하나님의 모든 자비하심으로 너희를 권하노니 너희 몸을 하나님이 기뻐하시는 거룩한 산 제물로 드리라 이는 너

희가 드릴 영적 예배니라 너희는 이 세대를 본받지 말고 오직 마음을
새롭게 함으로 변화를 받아 하나님의 선하시고 기뻐하시고 온전하신
뜻이 무엇인지 분별하도록 하라(롬 12:1-2)

　　여기서 드러나는 것은 구원받은 자는 그 다음에 삶의 결
단이 일어난다는 것입니다. 몸을 하나님이 기뻐하시는 거룩한 산
제물로 드리는 것입니다. 저는 이것이 세례식을 통하여 결단되는
것이라 확신합니다. 세례식은 곧 나는 죽고 예수로만 사는 삶으로
의 결단, 즉 하나님과의 언약식인 것입니다. 그리고 그 다음이 있
습니다. 이 세대를 본받지 않고 하나님의 선하시고, 기뻐하시고 온
전하신 뜻이 무엇인지 분별하는 것입니다. 그것은 곧 예수님을 통
해서 주신 말씀, 그리스도인의 법일 것입니다. 이렇게 그리스도인
의 삶의 순서는 첫째가 은혜로 의롭다하심을 받는 것이며 그 다음
이 삶으로의 행함입니다. 그러므로 하나님께서 주신 법 따라 살아
가는 것은 행함으로 구원받으려는 것이 아니라, 은혜로 의롭다함
을 받은 삶에 감사하며, 지켜나가는 응답인 것입니다.

　　종교개혁자 마틴 루터는 이러한 은혜로 인한 믿음과 행
함에 대하여 그의 로마서 주석 서문에서 의미 깊은 고백을 하고
있습니다.

믿음은 하나님의 은혜에 대한 살아있고 흔들림 없는 신뢰이자 신앙인데 그것이 너무도 확고하기 때문에 사람은 믿음을 인하여 천 번이라도 죽을 수 있다. 이런 유의 하나님의 은혜에 대한 신뢰, 이런 유의 하나님의 은혜에 대한 지식은 우리를 기쁘고 활기차게 만들며 하나님 및 모든 인류와의 관계에서 열심을 내도록 만든다. 이것이 성령이 믿음을 통하여 역사하는 것이다. 그러므로 믿음의 사람은 무엇에 내몰려서가 아니라 자발적으로 기쁘게 모든 사람들에게 선행을 하고 모든 사람을 섬기며 자기에게 그러한 은혜를 보여주었던 하나님의 사랑과 영광을 위하여 온갖 종류의 곤경을 겪고자 한다. [23]

루터는 하나님의 이 갚을 수 없는 은혜로 인하여 천 개의 목숨을 준다면 그 천 개의 생명도 기꺼이 주님께 내어드릴 수 있다고 합니다. 그리고 그 은혜가 저절로 삶을 움직이게 만든다고 고백합니다. 심지어 고난까지도 기꺼이 감수하는 삶이 되게 한다는 것입니다. 지금 우리의 삶 속에서 은혜로 인해 한 개의 목숨을 내어 놓으면 우리는 순교자의 길을 걸을 것입니다. 그러나 루터처럼 천 개의 목숨까지도 주님께 내어드릴 은혜가 가득 차 있다면 지금 이 시대 썩어있고, 타락으로 가득한 기독교를 개혁하는 사명까지도 담당할 것입니다. 우리에게 필요한 것이 있다면 이런 은혜로 가득 찬 사람입니다.

3. 복음의 본질 ‐ 구약

구약도 역시 마찬가지입니다. 이스라엘이 애굽에서 구원받을 때, 무엇을 한 것이 있던가요? 아무것도 한 것이 없습니다. 100퍼센트 하나님께서 행하신 일입니다. 이스라엘은 하나님께서 행하시는 일을 눈으로 목격하는 것밖에는 한 것이 없습니다. 열 가지 재앙을 일으키실 때에도, 홍해를 가르실 때에도, 광야에서 반석을 쳐서 물을 내실 때에도, 하늘에서 만나를 내리실 때에도 이스라엘은 행위자가 아니라 수혜자였을 뿐입니다. 은혜로 하나님의 아들, 장자가 되는 구원이 이루어진 것입니다. 그리고 하나님께서는 이스라엘을 시내산으로 데려가셔서 언약을 맺습니다. 언약을 맺은 뒤에 율법을 중심으로 삶을 살아가게 하십니다. 그 율법의 가장 기본이며 근본이 되는 것은 역시 십계명입니다. 십계명의 출발선을 살펴보면 하나님의 백성 이스라엘은 결코 율법의 행함이 앞서는 백성이 아님을 분명하게 살펴볼 수 있습니다. 십계명은 결코 "나 외에 다른 신들을 네게 두지 말라"부터 시작하지 않습니다. 십계명에는 '전문'이 있는데 그 전문이 바로 율법의 내용들을 지킬 수 있는 동력을 제공합니다. 그 전문을 기억하고 잊지 말아야 감사함으로 율법을 지키는 자발성이 가능해지는 것입니다.

하나님이 이 모든 말씀으로 말씀하여 이르시되 나는 너를 애굽 땅, 종 되었던 집에서 인도하여 낸 네 하나님 여호와니라 너는 나 외에는 다른 신들을 네게 두지 말라 너를 위하여 새긴 우상을 만들지 말고 또 위로 하늘에 있는 것이나 아래로 땅에 있는 것이나 땅 아래 물 속에 있는 것의 어떤 형상도 만들지 말며(출 20:1-4)

율법의 행함보다 앞서가는 것은 바로 애굽에서 구원하신 하나님의 갚을 수 없는 은혜입니다. 그 은혜가 늘 행함을 이끌어 가는 원동력이 됩니다. 그래서 구약의 법 또한 율법주의가 아니라 복음주의인 것입니다. 그리고 그 율법마저도 하나님께서 이득을 얻기 위해서 강제로 지키라 주시는 것이 아니라, 은혜로 구원받은 공동체가 그 은혜 안에 머물러 복된 삶을 영위하게 하기 위한 목적이라는 것을 알려주십니다. 그 사실은 신명기에서 찾아볼 수 있습니다.

이스라엘아 네 하나님 여호와께서 네게 요구하시는 것이 무엇이냐 곧 네 하나님 여호와를 경외하여 그의 모든 도를 행하고 그를 사랑하며 마음을 다하고 뜻을 다하여 네 하나님 여호와를 섬기고 내가 오늘 네 행복을 위하여 네게 명하는 여호와의 명령과 규례를 지킬 것이 아니냐(신 10:12-13)

은혜로 구원받은 자가 삶의 결단을 통하여 하나님께서 주신 이 법을 지켜나갈 때 구원의 기쁨과 행복을 평생토록 지키며, 영원을 바라보며 살아가는 존재가 될 것이기 때문에 이와 같은 법을 주시는 것입니다. 그러므로 이 법은 구원받기 위해 지켜야 하는 것이 아니라, 구원받은 사람이 그 구원의 기쁨과 행복을 지키고, 가꾸기 위해서 지켜야 하는 것입니다. 이렇게 은혜의 구원은 율법과 직결되어 있습니다. 그러나 순서는 결코 율법준수 다음에 구원이 오는 것이 아니라, 은혜의 구원 다음에 율법 준수가 오는 것입니다. 그리고 이 두 가지는 결코 분리될 수 없는 것입니다. 루터는 그의 로마서 주석 서문에서 "실제로 불로부터 열과 빛을 분리하는 것이 불가능한 것처럼 믿음으로부터 행위를 분리하는 것은 불가능하다."라고 단언합니다. [24] 흡사 동전의 양면이 분리되면 그 가치를 상실하듯이 은혜의 구원과 율법준수의 행함은 동전의 양면처럼 반드시 같이 가야 합니다.

이스라엘의 이야기 전에 나타난 창세기의 노아의 삶을 살펴보아도 역시 이와 같은 복음의 진리는 동일하게 적용됩니다. 세상을 물로 쓸어버릴 대 홍수의 심판이 하나님에 의해 주어지려 합니다. 이것은 죄로 가득 찬 세상을 향한 명백한 심판이 될 것입니다. 예수님께서는 이 노아의 홍수 때를 종말의 심판 때와 비교하고 있으시단 점에서 종말의 때, 마지막 심판 때를 향하여 살아가는 우리에게도 중요한 이야기가 될 것입니다.

노아가 홍수로부터 구원받고 선택된 이유가 무엇일까요? 만약 노아가 "의인이요, 당대에 완전한 자요, 하나님과 동행했기" 때문에 선택받았고, 구원받았다면 이것은 분명 행함으로 구원받고 선택받는 것이 됩니다. 그러나 결코 그렇지 않습니다. 만약 그렇게 된다면 구약 따로, 신약 따로가 될 것입니다. 우리는 노아의 이야기에서 그 전의 이야기를 더 상세하게 살펴야 할 필요가 있습니다. 노아가 의인이요 당대에 완전한 자요 하나님과 동행하였다는 것이 결코 앞서지 않습니다. 그보다 더 앞서는 것이 있습니다. 그래야만 합니다.

이르시되 내가 창조한 사람을 내가 지면에서 쓸어버리되 사람으로부터 가축과 기는 것과 공중의 새까지 그리하리니 이는 내가 그것들을 지었음을 한탄함이니라 하시니라 그러나 노아는 여호와께 은혜를 입었더라 이것이 노아의 족보니라 노아는 의인이요 당대에 완전한 자라 그는 하나님과 동행하였으며(창 6:7-9)

여기서 노아의 의로운 행동과 삶은 노아에게서 근원된 것이 아님을 알 수 있습니다. 그 행동과 삶보다 앞선 것이 있습니다. 그것은 바로 "그리고 노아는 여호와께 은혜를 입었더라"에서 선명하게 드러납니다. '행함'이 아닌 '은혜'가 앞서고 있습니다. "은혜를 입었더라"에서 '입었더라'는 히브리어로 '마짜'로 '발견하였다' 혹은 '찾았다'라는 뜻입니다. 노아는 하나님께서 베푸신 은혜를 발견하였고, 느꼈다는 의미가 될 것입니다. 그 은혜에 응답하는 삶이 바로 의로운 길을 걷는 것이며, 완전을 추구하는 것이며 또한 은혜를 베푸신 하나님과 동행하는 것으로 드러난 것입니다.

이렇게 노아의 이야기도 행함이 앞서가는 것이 아니라, 하나님의 은혜가 앞서갑니다. 그렇다면 노아만 하나님의 은혜를 입었다면 명백한 불공평일 것입니다. 분명히 하나님께서는 세상의 사악함이 가득하여 하나님의 영이 영원히 사람과 함께 하지 않을 것이라 선언하셨습니다. 그 이유는 사람이 육신이 되었기 때문입니다. 그런데 그 다음에 그들의 날은 120년이 되리라고 하셨습니다.창6:3 이 120년의 유예기간 또한 그 당시의 모든 사람들을 향한 은혜의 기간이라 확신합니다. 그 자리에서 심판의 홍수를 보내시는 것이 아니라, 120년 동안 기다리시며 돌아오길 소망하시는 은혜를 모든 사람들에게 베풀어 주셨다는 것입니다. 그리고 어느 누구든지 노아처럼 그 은혜를 찾을 수 있을 만큼, 느낄 수 있을 정도로 행해 주셨을 것을 짐작케 합니다. 그것을 분명하게 언급하고 있는 것이 바로 베드로전서입니다.

그리스도께서도 단번에 죄를 위하여 죽으사 의인으로서 불의한 자를
대신하셨으니 이는 우리를 하나님 앞으로 인도하려 하심이라 육체로
는 죽임을 당하시고 영으로는 살리심을 받으셨으니 그가 또한 영으로
가서 옥에 있는 영들에게 선포하시니라 그들은 전에 노아의 날 방주
를 준비할 동안 하나님이 오래 참고 기다리실 때에 복종하지 아니하
던 자들이라 방주에서 물로 말미암아 구원을 얻은 자가 몇 명뿐이니
겨우 여덟 명이라(벧전 3:18-20)

　　　하나님께서 노아가 방주를 예비하는 동안에도 모든 사람
들을 향하여 '오래 참고, 기다리셨다'고 합니다. 이 속에는 계속해
서 은혜를 베푸시며 한 사람이라도 더 구원의 방주에 오르기를 소
망하시며 기다리셨다는 것을 뜻합니다. 그런데 끝내 '복종하지 않
았다'라는 것을 보면 그들은 하나같이 하나님께서 베푸시는 은혜
에 배은망덕하게 응답하는 악행으로 일관했음을 알 수 있습니다.
그 중의 한 사람 노아만이 그 은혜의 구원 역사에 응답하는 사람
이었다는 것이 안타까운 상황입니다. 그의 의로움과 완전함 그리
고 하나님과의 동행은 은혜의 구원에 대한 바른 결단이며 응답임
을 알 수 있습니다. 다음의 사항들을 읽어보면 노아가 은혜의 구
원에 바르게 응답하며 살아가는 존재임을 알 수 있습니다.

그러나 노아는 여호와께 은혜를 입었더라(창 6:8)

이것이 노아의 족보니라 노아는 의인이요 당대에 완전한 자라 그는 하나님과 동행하였으며(창 6:9)

노아가 그와 같이 하여 하나님이 자기에게 명하신 대로 다 준행하였더라(창 6:22; 7:5)

여기서도 순서는 역시 하나님의 은혜가 앞서가고 행함이라는 말씀 순종의 삶이 그 다음을 따라갑니다. 이러한 예들을 통해서 살펴볼 때 구약도 역시 마찬가지로 순서는 은혜의 구원이며 그 다음이 삶으로의 행함임을 확인해 볼 수 있습니다.

4. 종말 심판 때 행함으로 심판하는 이유

이렇게 구약과 신약은 결코 다른 것을 이야기하지 않습니다. 일반적으로 "구약은 율법이고, 신약은 은혜다"라고 말하는데 그 정의는 잘못된 것입니다. 구약도 은혜로부터 출발하고, 신약도 은혜로부터 출발합니다. 단지 유대교에서 잘못 해석해서 율법주의로 나아간 것이지 구약이 율법주의인 것은 결코 아닙니다. 구약을 읽다

보면 율법이 강조되는 것처럼 보일 뿐이지 본질은 율법이 결코 앞서는 것이 아닙니다. 항상 값없는 은혜의 구원이 앞서는 것이고, 그 다음에 율법을 행하는 삶이 따라오는 것입니다.

구약시대에 이스라엘이 체험한 갚을 수 없는 은혜인 애굽에서의 구원은 그 당시에는 놀라운 것이며 감사가 가득한 영광송이 울려 퍼지는 대사건이지만 시간의 흐름 따라 그 기억이 빛바랠 수가 있습니다. 그 구원과는 비교할 수도 없을 만큼 엄청난 구원의 역사가 바로 신약시대의 예수 그리스도의 십자가라는 은혜도 역시 마찬가지입니다. 그것을 목도하고 부활을 체험한 사람들에게는 생명보다 더 값진 것이지만 그 은혜가 개인의 체험으로 남아 있고, 기억으로만 존재하면 공동체는 위기에 쉽게 빠질 수 있습니다. 지금은 안타깝게도 그 놀라운 은혜의 큰 구원이 눈에 보이는 가시적인 것이 아니기 때문입니다. 단지 우리의 마음속에 남아 있는 각자의 체험이 됩니다. 이런 상황 속에서는 어떤 사람이 구원 받은 자인지 아닌지를 우리는 눈으로 식별할 수 없습니다. 예수 그리스도의 십자가 보혈을 체험한 사람들에게 신체적으로 특별하게 달라지는 것이 없기 때문입니다. 그러나 그것을 식별할 수 있는 유일한 길이 있습니다. 그 길은 그의 삶을 보면 알 수 있습니다. 갚을 수 없는 은혜를 체험하고 받은 사람은 살아가는 방식이 다릅니다. 감사함으로 구원의 주이신 삼위 하나님의 뜻을 따라 바르게 응답하며 살아갈 것이기 때문입니다.

그렇다면 왜 마지막 심판대에서 십자가의 구원을 받은 존재인가 아닌가를 묻는 것이 아니라, "기름이 있느냐, 없느냐? 달란트를 남겼느냐, 아니냐? 작은 자에게 선을 행하였느냐, 아니냐?"라는 행함으로 심판하는가를 이해할 수 있을 것입니다. 놀라운 은혜의 구원을 받은 자는 결코 규모 없이 살지 않습니다. 규모 없이 산다는 자체가 은혜의 구원을 받지 않았다는 것을 반증하거나, 혹은 그 놀라운 큰 구원을 무시하는 처사라 할 수 있습니다. 값없이 그 놀라운 은혜의 구원을 받은 사람은 자연스레 행함으로 나아갑니다. 그리고 그 행함이 구원받은 존재인지 아닌지를 알려주는 시금석이 됩니다. 그래서 마지막 심판대에서는 십자가의 보혈로 구원받은 우리 모두는 어떻게 살았는지를 토로해야 할 것입니다. 은혜의 구원과 감사의 행함은 동전의 양면과 같이 분리할 수 없는 것이기 때문입니다. 이 모든 내용이 우리가 마음에 새겨야 할 내용들입니다.

우리가 지금 우리 구주 예수 그리스도의 십자가 구원의 은혜를 마음에 가득히 채우고 늘 감사하며 바르게 응답하는 삶을 살아간다면 우리는 어느 때 종말이 다가올지라도 두려움 없이 "아멘 주 예수여 어서 오시옵소서"를 선포하며 살아가는 예배자가 될 것입니다. 세상의 종말이 와도 주의 약속인 영생을 기대할 수 있을 것입니다. 그리고 말씀을 그대로 신실하게 살아가는 은혜에 바르게 응답하는 삶을 통하여 마지막 심판대 앞에서 의롭고, 완전하게 그리고 하나님과 동행하며 살았던 삶으로 은혜 안에 거했던 사람임이 입증될 것입니다. 이것이 열 처녀 비유, 달란트 비유 그리고 양과 염소를 가르는 비유에서 마지막 심판대에서 왜 행함으로 영벌과 영생으로 나뉘며 천국과 지옥으로 나뉘는지의 답이 될 것입니다. 그리고 이러한 종말 심판 때를 보여주는 비유를 들려주시는 목적은 공포심을 조장하기 위함이 아니라, 오히려 좁은 문과 좁은 길 위에 서 있는 사람들을 격려하며 그곳에서 벗어나지 않기를 바라는 간절한 소망의 발로인 것입니다.

그리고 기름, 달란트 남김, 작은 자에게 한 것인 "내가 주릴 때에 너희가 먹을 것을 주었고 목마를 때에 마시게 하였고 나그네 되었을 때에 영접하였고 헐벗었을 때에 옷을 입혔고 병들었을 때에 돌보았고 옥에 갇혔을 때에 와서 보았다"라는 것이 은혜 받은 자이면 어느 누구나 할 수 있는 것임을 알 수 있습니다. 이 속에는 남녀노소, 빈부격차, 지위나 학력의 고하에 관계없이 누구나 할 수 있는 것입니다. 바로 사랑으로 살아가는 삶이기 때문입니다. 그래서 공평합니다. 낮아져 섬기는 삶은 누구에게나 공평하게 열려져 있기에 아무도 핑계할 것이 없습니다. 그리고 이 양들 중에 어느 누구도 자신들이 언제 주님께 그렇게 하였는지를 기억하지 못하고 있다는 것은, 놀라운 은혜는 자발적으로 그렇게 살게 만드는 위력이 있음을 깨닫게 합니다. 결코 자랑할 것이 없는 삶, 단지 감사할 것밖에는 없는 삶을 살아가게 하는 것입니다. 그러므로 어느 누구든지 종말의 시간을 위한 기름을 준비할 수 있고, 달란트를 활용하여 남길 수 있으며, 낮아져 작은 자를 섬길 수 있습니다. 예수님의 초림과 재림의 사이인 중간기의 삶은 이렇게 살아가면 되는 것입니다.

마틴 루터 킹 목사가 1968년에 전한 '악대장 본능'The Drum Major Instinct이란 제목의 설교에는 이러한 섬김이 누구에게나 가능하다는 것을 힘주어 강조하고 있습니다.

이것은 바로 모든 사람이 위인이 될 수 있다는 것을 의미하는 것입니다. 여러분이 섬기기 위해서 대학 학위를 받을 필요는 없습니다. 여러분이 섬기기 위해서 여러분의 주어와 동사를 일치시키는 일은 할 필요가 없습니다. 여러분이 봉사하기 위해서 플라톤과 아리스토텔레스에 대해서 알아야 하는 것도 아닙니다. 여러분이 섬기기 위해서 아인슈타인의 상대성 이론을 꼭 알아야 할 필요도 없습니다. 여러분이 섬기기 위해서 물리학의 제2열역학을 알아야 하는 것도 아닙니다. 단지 여러분은 충만한 자비의 마음을 필요로 합니다. 사랑에 의해 일어나는 영혼을 필요로 합니다. 그러면 여러분은 섬기는 사람이 될 수 있습니다. 25)

선명하게 드러나는 것은 작은 자를 섬기기 위해서 가장 먼저 필요한 것은 '충만한 자비의 마음'이라는 것입니다. 곧 예수 그리스도의 은혜로 가득 채워진 마음이 바로 그것을 의미할 것입니다. 그로 인해 우리 안에 예수 그리스도의 사랑으로 충만할 것이며, 우리 마음이 움직이며, 몸 또한 섬김의 길로 나아가게 될 것입니다. 이러한 충만한 영혼은 심판의 미래를 두려워하지 않을 것이며, 천국과 영생이라는 사후세계 또한 하나님의 손에 맡기고, 매일의 삶을 은혜로 살아가며 주님과 사랑의 동행을 이룰 것입니다. 이렇게 하여 마침내 바울이 선언한 "사람이 의롭다함을 얻는 것은 율법의 행위가 아니라 오직 믿음으로 말미암는다는 것"롬3:21-31과 야고보가 전한 "이와 같이 행함이 없는 믿음은 그 자체가 죽은 것"약2:17이라는 말씀이 삶 속에서 충돌이 아닌, 완성에 이르게 되는 것입니다. 이 두 가지가 아름답게 조화를 이룰 때 제자의 길을 걸을 것이며, 그렇지 않다면 안타깝게 무리로 생을 마감할 수도 있습니다.

제 5 장

제자인가, 무리인가?

DISCIPLE OR CROWD?

여러 가지 논쟁점이 될 수 있는 주제들을 놓고 이야기를 풀어가며
이 작은 지면을 통해 해결점을 제시하려는 의도보다는 생각의 폭
을 넓히자는 마음이 큽니다. 그리고 비록 각자 생각하는 바가 차
이가 있을지라도 우리 그리스도인들이 결국 도달해야 할 지점은
제자도라는 점에서 마지막 주제는 제자의 길에 대한 것입니다. 다
분히 의도성이 있는 전개인 것은 부인할 수 없습니다. 그러나 제
자가 있다면 방관자도 있을 것이 분명합니다. 제자의 길과 반대되
는 방관자의 길은 무리로 통칭될 수 있을 것입니다. 여기서 제자
와 무리가 나뉘는 점이 어느 지점인가를 분명히 안다면 제자에서
무리로 벗어나지 않을 수 있고, 무리에서 제자로의 전향이 일어날
수 있을 것이기에 살펴볼 가치가 충분히 있습니다.

이 세상에는 인종, 문화, 사상, 교육, 종교와 물질적인 면에서 참으로 다양한 사람들이 살고 있지만 본질적으로는 크게 두 부류로 나눌 수 있을 것입니다. 의인과 악인입니다. 무슨 그런 극단적인 이분법이 있느냐고 항의할 수도 있습니다. 편협스런 흑백 논리가 아니냐고 공격을 가할 수도 있습니다. 그 시작은 이렇습니다. 무슨 대단한 의로운 일을 행해서 의인이 아니고, 무슨 극악한 죄를 저질러서 악인이 아닌 것입니다. 하나님을 인정하고 자신의 죄를 회개하고 돌이켜 하나님의 값없이 베풀어주시는 용서를 감사함으로 받들 때 의인이 탄생하고, 자신의 죄를 인정하지 않으며 끝까지 하나님의 자비로운 용서의 손길을 거부하며 제 맘대로 사는 자가 곧 악인인 것입니다. 그러므로 의인과 악인은 하나님의 주권을 인정하느냐, 아니냐로 갈라지는 것입니다. 이것은 결코 세상의 기준이 아니며, 전적으로 하나님의 기준이며 기독교적인 표준입니다. 세상은 거부할 것이고, 그리스도인은 그 기준으로 세상을 볼 것입니다. 그리고 의인과 악인으로 나뉜 사람들은 그 살아가는 방식이 다릅니다. 걸어가는 길이 다르다는 것입니다. 왜냐하면 삶의 주인이 바뀌었고, 목표가 달라졌기 때문입니다.

시편 1편은 그러한 삶의 극명한 대조를 분명하게 보여주고 있습니다. 의인은 복 있는 사람으로 악인의 꾀를 따르지 않고, 죄인의 길에 서지 않으며, 오만한 자의 자리에도 앉지 않고 여호와의 율법을 즐거워하며 그 율법을 주야로 묵상하여 지켜 행하는 사람입니다. 그러나 악인은 그렇지 않습니다. 이미 주어진 것처럼 자신의 꾀, 즉 자신의 계획을 따라 살아가며, 죄인의 길로 나아가고, 스스로 삶의 주권자가 되어 오만한 길을 걷습니다. 이렇듯 의인과 악인의 갈림길은 멀리 있지 않습니다. 교회에 출석하느냐, 아니냐의 차이가 아니라, 하나님의 말씀에 모든 의지와 신뢰를 두고 살아가느냐 아니냐가 분별의 시금석이 되는 것입니다. 그러므로 악인은 세상 속에서 주로 발견되지만, 교회 안에도 존재하고 있습니다. 아무리 많은 횟수로 교회에 출석하여 예배의 자리에 앉아 있다 할지라도 하나님의 말씀이 삶을 이끌어가지 않는다면 언제든 악인의 길에 설 수 있는 잠정적인 악인인 것입니다. 이것은 흡사 야고보 사도가 전하는 "누구든지 말씀을 듣고 행하지 아니하면 그는 거울로 자기의 생긴 얼굴을 보는 사람과 같아서 제 자신을 보고 가서 그 모습이 어떠했는지를 곧 잊어버리는 것"과 같은 꼴인 것입니다.^{약 1:23-24} 자신의 정체성을 잃어버린 사람은 다른 삶을 살게 되어 있습니다. 그러나 예배에 참여하여 말씀을 듣고, 그 말씀을 어찌하든 삶으로 살아야 한다는 고뇌와 갈등을 갖는다면 희망이 있습니다. 그리고 말씀 묵상으로 연결되어 그 말씀이 삶을 이끌어 간다면 그 길이 곧 의인이 걷는 길인 것입니다. 구약이 제시하는 의인과 악인의 길을 살펴보면 그것이 곧 신약의 제자와 무리의 길과 일맥상통함을 알 수 있습니다. 하나님의 말씀과 예수 그리스도의 증거를 따라 살아가느냐, 아니냐에 따라 각각 제자와 무리로 나뉠 것이기 때문입니다.

그리고 미리 주지해야 할 부분은 여기에서 다루는 '무리'는 결코 하나님의 말씀과 예수님의 길에 관심이 없는 세상 사람들이 아닙니다. 하나님의 백성 안과 그리스도인 공동체 안에 존재하는 무리에 초점을 맞출 것입니다. 세상이 하나님의 뜻과 예수 그리스도의 십자가에 관심이 없는 것이야 당연지사이기에 우리 공동체 안에서 우리 모두가 제대로된 정체성을 이루며 살아가고 있는지를 살피는 것입니다. 때로 제자도가 어떤 길인지 몰라서 무리의 길에 머물러 있을 수도 있고, 교회에 출석만 하면 되는 것인 줄 알고 무리로 남아 있는 경우도 있을 것이기 때문입니다. 스스로의 정체를 정확히 알아야 어느 쪽으로든 방향 전환이 이루어질 수 있기에 제자와 무리의 본질을 분명히 알아야 합니다.

1. 제자의 길

'길'은 곧 '삶'을 의미합니다. 삶이 어떠하냐는 곧 마음속에 품은 것이 어떠하냐를 드러내는 증거가 됩니다. 어떤 사람이 살아가는 삶의 행적을 보면 그 사람의 속에 든 것이 무엇인지를 알 수 있고, 그 사람의 현재 상태를 파악할 수 있는 자료가 됩니다. 하나님의 백성은 구약시대든, 신약시대든 변함없이 삼위일체 하나님을 따르는 사람들입니다. 그 따름에 있어 시대적인 차이로 인한 형식과 방식에 있어서는 차이점이 있을지는 모르겠지만 그 본질적인 내용에 있어서는 결코 차이가 없을 것입니다. 구약에 제시된 하나님의 백성의 길과 신약의 예수 그리스도의 제자의 길이 결코 다르지 않을 것을 예상해 볼 수 있습니다. 하나님은 어제나, 오늘이나, 내일이나 언제든지 변함이 없으시기 때문입니다.[히13:8]

　　　제자도를 다룸에 있어 우선적으로 생각해 보아야 할 것이 있습니다. 그것은 하나님을 따르는 제자도를 통하여 이루기를 소망하는 하나님의 뜻이며, 계획입니다. 그것이 무엇인지 분명히 알아야 구약시대든, 신약시대든 제대로된 방향을 향하여 전진해 나갈 수 있기 때문입니다. 인류를 통해 이루기를 소망하셨던 하나님의 뜻은 이 세상의 시작점인 태초의 천지창조로 거슬러 올라갑니다. 인간을 창조하시고 주신 소명 속에 이미 나아가야 할 길이 제시되어 있기 때문입니다.

하나님이 자기 형상 곧 하나님의 형상대로 사람을 창조하시되 남자와 여자를 창조하시고 하나님이 그들에게 복을 주시며 하나님이 그들에게 이르시되 생육하고 번성하여 땅에 충만하라, 땅을 정복하라, 바다

의 물고기와 하늘의 새와 땅에 움직이는 모든 생물을 다스리라 하시
니라(창 1:27-28)

　　　하나님께서는 태초의 남녀로부터 시작하여 자손 대대로
인류가 이러한 소명을 이루기를 기대하셨습니다. 이 소명은 크게
세 가지로 세분화될 수 있습니다.

　　　첫째, 생육하고, 번성하여, 땅에 충만하라
　　　둘째, 땅을 정복하라
　　　셋째, 모든 것을 다스리라

하나님의 형상대로 지으셨다는 것은 이 모든 소명이 하나님의 주
권을 인정하며, 그 하나님을 믿는 믿음에 바탕을 둔 삶이 전제될
것입니다. 생육하고, 번성하고, 땅에 충만하다는 것은 창대하게 많
아진다는 것이고, 이렇게 많아져서 땅을 정복하여 맡겨진 모든 것
을 바르게 다스리는 것입니다. 여기서 '다스린다'는 것은 결코 군
림이나, 억압, 지배를 의미하는 것이 아니라, 올바른 길로 이끈다
는 것을 의미합니다.왕상 4:24; 시 72:7-8 이제 이것을 실현하는 자가 하나
님의 백성이면서 제자가 될 것이며, 그렇지 못한 자는 무리요, 방
관자로 안타깝게 생을 마감하고 말 것입니다.

1) 구약에서의 제자도

구약에서 '제자'라는 용어가 나타나는 것은 대부분 선지자의 제자들에게만 사용됩니다.왕하2:3,5,7,15;4:1,38;5:22;6:1;9:1;사8:16 '제자'라는 용어는 '아들'이라는 뜻의 '벤' בן이라는 단어가 주로 쓰이고, '배우는 자'라는 '리무드' למד가 사용됩니다. 모두 선지자의 제자라는 점에서 선지자의 길을 배운 것이라 여겨지지만 그 어디에도 정확하게 무엇을 배웠는지에 대해서는 상세한 정보가 없습니다. 이처럼 구약에서는 '제자'라는 용어를 추적하여 제자도를 그려내기가 쉽지 않습니다. 그러나 하나님께서 사람을 불러내시고, 하나님의 사람으로 세우시는 그 과정이 곧 제자도라고 한다면 구약성경 속에서도 충분히 제자도를 찾을 수 있을 것입니다. 그 구체적인 예는 하나님의 백성 이스라엘의 믿음의 조상이라 할 수 있는 아브라함을 통하여 살펴볼 수 있을 것입니다. '믿음의 조상'이란 그 자신만의 신앙에 머무는 것이 아니라 그 신앙의 길이 곧 후손들 전체의 귀감이 되는 것이며, 본받아야 할 삶을 의미하는 것이기에 충분히 아브라함에게서 구약 제자도의 모습을 발견할 수 있을 것입니다. 그리고 그의 삶은 또한 신약 그리스도인들의 제자도와 능히 견줄만한 것이 될 것이란 기대를 가져볼 수 있습니다. 구약과 신약 공히 동일하신 하나님께서 성령의 감동으로 주신 말씀이기에 결코 모순됨이 없이 동일하게 연결될 것이기 때문입니다.

우리는 아브라함이라는 새로운 인물 앞에 도착하기 전에 이미 두 번의 기회를 소진해 버린 인류의 역사를 알고 있습니다. 바로 아담과 노아의 이야기입니다. 이 두 사람은 하나님의 말씀을 따르는 삶으로 시작하여 동일한 결론에 이르러야 하는데 시작은 좋았으나 끝이 무너지고 말았습니다. 아담의 이야기는 "하나님이 보시기에 심히 좋았더라"창1:31로 시작하여 '선악과'를 거쳐 마침내 후손들에게 가서는 '어려서부터 마음으로 생각하는 모든 것이 항상 악할 뿐인 것'으로 그 결론에 이르고, 쓸어버림으로 끝났습니다.창6:1-8 이는 곧 창조 때 주신 소명이 인간의 죄로 인해 성취가 아닌, 실패로 끝나버린 것을 의미합니다. 그 다음에 새로운 기회가 노아에게 주어집니다. 그러나 노아는 "의인이요 당대에 완전한 자요 하나님과 동행하는 자"창6:9라는 칭호로 시작하여 '포도주에 취하고'창9:20-27 마침내 후손들에게 가서는 '탑 꼭대기를 하늘에 쌓아 하나님과 같아지려고 하다가' 흩어버림을 당하고 마는 결론에 이릅니다.창11:1-9 이렇게 인간은 죄악으로 인해 거듭 하나님의 뜻을 이루는데 실패하고 맙니다.

이제 또다시 하나님께서 사람을 불러내시며 기대하시는 것은 "부르심에 응답하는 순종으로 시작하여 끝까지 그 순종을 성취하는 삶으로 끝내는 것입니다." 한마디로 줄이면 '시종일관의 믿음'입니다. 그리고 그렇게 성취된 순종의 삶을 통하여 하나님께서는 이루고자 하는 것이 있으시기 때문입니다. 그것은 다름 아닌 창조 때 인류를 향해 주신 소명입니다. 하나님의 형상을 부여받은 존재들이 생육하고, 번성하여, 땅에 충만하고, 땅을 정복하여, 하나님의 뜻을 받들어 바르게 다스리는 세상을 이루는 것입니다. 이 땅의 어디를 가든지 하나님을 찬양하는 목소리가 높이 울려 퍼지고, 사람이 사람을 극진히 사랑하고 아끼며 섬기는 세상이라면 얼마나 행복할까요? 어디를 가든지, 어느 마을, 어느 나라를 가든지 따뜻이 환대하고, 서로 형제애와 자매애를 느낀다면 이 세상은 어떤 세상이 될까요? 이런 세상을 이루시려는 것도 역시 우리를 위함인 것임을 안다면 하나님의 은혜에 더욱 감사할 수 있을 것입니다. 이 세상 모든 사람들이 하나님의 말씀을 신실하게 따르는 백성이 되고, 제자들이 된다면 세상은 정말 살만한 곳이 될 것입니다. 천국을 이 땅에서도 맘껏 누리는 세상이 될 것입니다.

    그 길은 분명 불순종한 아담이나, 노아의 삶이 아니라 순종을 통해 이루어질 것입니다. 제자도는 마땅히 따라야 할 길을 걷는 것이기에 신앙여정의 시작과 끝이 일관되어야 할 것입니다. 여기서 시작과 끝이 일관된다는 것은 결코 한 번도 흔들리지 않고, 평생 정도만 걷는 것을 의미하지는 않습니다. 그러면 좋겠지만 인생살이가 결코 만만치 않습니다. 삶을 사노라면 흔들릴 수도 있습니다. 흔들린다는 것은 곧 살아있다는 것을 의미합니다. 살아있는 인생이 어찌 갈등과 고뇌 한 번 없이 인생을 살아가겠습니까? 그 고뇌와 갈등 속에서 또다시 하나님의 모습을 발견하고 일어서 며 믿음이 깊어지고 넓어지는 것이겠지요. 그러므로 세상 유혹 속 에 때로 흔들릴지라도 믿음을 잃지 않고 또 일어서서 나아가는 삶 이 필요한 것입니다. 나침반이 그렇답니다. 고장 나지 않은 나침반 은 계속해서 미세하게 흔들린답니다. 지구가 공전하고, 자전하기 를 반복하기에 늘 남쪽과 북쪽을 가리키기 위해서 미세하게 흔들 릴 수밖에 없답니다. 변화무쌍한 삶의 여정 속에서 계속하여 하나 님을 향하기 위해서 우리도 미세하게 흔들리며 방향을 잡아가는 것이라 생각합니다. 흔들리는 것은 고장나지 않았다는 것을 의미 하고, 살아있다는 것을 의미하기 때문입니다. 그러나 미세하게 흔 들릴지라도 하나님을 향한 방향만 잃지 않는다면 우리의 삶은 시 종일관으로 그 결론에 이를 수 있을 것이라 확신합니다.

　　여기서는 아브라함의 신앙여정의 시작과 끝을 살펴볼 것 입니다. 다 다루기가 벅차기도 하지만 아브라함의 신앙여정의 시 작과 끝을 살펴보는 이유는 아브라함 전의 두 인물인 아담과 노 아의 삶에서 드러난 실패가 바로 시작은 좋았으나, 그 끝이 굽어 지는 불순종으로 인한 때문입니다. 보시기에 심히 좋았더라는 찬 사를 받은 태초의 인간인 아담과 의인이요 당대에 완전한 자이며, 하나님과 동행했다는 극찬을 받은 노아가 이렇게 출발은 좋았지 만 그 끝은 결국 실패로 마감했기 때문입니다. 아브라함의 신앙의 시작이 그의 신앙 여정의 끝에서도 동일하게 일관된 신앙으로 그 결론에 이른다면 새로운 희망이 있을 것이기 때문입니다. 그리고 그 시작과 끝은 결국 우리가 도달해야 할 장소이기에 우리에게도 중요할 것이기에 그 시작과 끝을 살펴보는 것입니다.

하나님께서도 아브라함의 시작과 끝의 일치를 간절히 소망하고 계시다는 것을 아브라함 이야기의 구조를 통해서도 알 수 있습니다. 아브라함 이야기를 읽으면서 하나님의 명령의 특징을 살펴보면 어디가 시작이며, 어디가 끝인지를 알 수 있게 됩니다. 먼저 시작과 끝 두 부분에서 하나님께서 명령하시는 내용을 비교해 보면 어떤 공통점을 느껴볼 수 있습니다.[26]

창 12:1-3	창 22:1-2
여호와께서 아브람에게 이르시되 너는 너의 <u>고향과 친척과 아버지의 집을 떠나 내가 네게 보여 줄 땅으로 가라</u>(קְךָ-לֶךְ 레크-레카) 내가 너로 큰 민족을 이루고 네게 복을 주어 네 이름을 창대하게 하리니 너는 복이 될지라 너를 축복하는 자에게는 내가 복을 내리고 너를 저주하는 자에게는 내가 저주하리니 땅의 모든 족속이 너로 말미암아 복을 얻을 것이라 하신지라	그 일 후에 하나님이 아브라함을 시험하시려고 그를 부르시되 아브라함아 하시니 그가 이르되 내가 여기 있나이다 여호와께서 이르시되 <u>네 아들 네 사랑하는 독자 이삭을 데리고 모리아 땅으로 가서</u>(קְךָ-לֶךְ 레크-레카) 내가 네게 일러 준 한 산 거기서 그를 번제로 드리라

먼저 양쪽 다 '가라'라는 명령이 눈에 띕니다. 시작은 '보여 줄 땅으로 가라'로 가나안 땅을 의미합니다. 마지막은 '모리아 땅으로 가라'는 명령이 주어집니다. 시작은 가나안 땅으로 가는 것이고, 마지막은 가나안 땅에서 모리아 산으로 가는 것입니다. 이렇게 아브라함의 시작과 끝은 하나님의 명령 따라 나아가는 이야기입니다. 본향을 향하여 나아가는 나그네 길이 시작부터 끝까지 이루어지고 있음을 느끼게 합니다. 하나님께서 아브라함에게 시작과 끝에 '가라'는 명령을 내리시는데 히브리어 원어로 '레크-레카' לֶךְ־לְךָ 로 해석하면 '너를 위하여 가라'는 뜻입니다. 그리고 이러한 형태의 '가라'라는 명령형은 성경 전체에서 아브라함의 이야기에만 등장하며, 아브라함의 이야기 속에서도 이렇게 시작과 끝에만 단 두 번 등장하는 특별한 표현입니다. 그럼 이제 이렇게 아브라함의 시작과 끝에 특별한 명령을 주시면서 하나님께서 기대하시는 것이 무엇인가를 살펴봐야 할 필요가 있습니다. 그래야 시종일관의 믿음을 통해 이루시고 싶은 것이 무엇인지를 알 수 있을 것이며 우리의 삶에 또한 적용할 수 있을 것이기 때문입니다. 왜냐하면 인류의 시작을 열어갔던 두 사람, 아담과 하와가 결국 이 길을 가지 못하고 실패로 끝나버렸기 때문입니다. 어떤 길이기에 실패하고 말았을까를 돌아보는 것은 곧 우리의 걸음을 바로잡는 생명의 교훈이 될 것이기에 소중합니다.

이렇게 아브라함에게 가라고 하실 때 주신 약속과 소명을 보면 어딘가를 기억나게 합니다. 그것이 곧 아브라함의 시종일관의 믿음의 길을 통해 이루기를 소망하시는 하나님의 뜻입니다. 큰 민족, 창대한 이름, 약속의 땅으로 가라는 것 그리고 세상 모든 민족이 아브라함을 통해 복을 누리는 것, 이 모든 것들이 세 가지로 축약되는데 용어들은 달라졌지만 본질적인 면에서는 창세기 1장 28절의 천지창조 때 인류에게 주신 소명과 일치됩니다.

	천지창조 때 소명(창 1:28)	아브라함의 소명(창 12:1-3)
1	생육하고, 번성하여, 땅에 충만하라	큰 민족, 창대한 이름이 되게 하실 것
2	땅을 정복하라	보여줄 땅으로 가라
3	모든 것을 다스리라	복을 주고, 세상 모든 민족이 너를 통해 복을 받을 것

큰 민족과 창대한 이름은 곧 생육과 번성과 땅에 충만함을 실현하는 것이며, 약속의 땅인 가나안을 얻는 것은 곧 땅을 정복하는 것의 시작이 될 것이며, 세상 모든 민족이 아브라함을 통해 복을 받는 것이 곧 바른 다스림을 통해 이루어질 미래상임을 깨닫게 합니다. 천지창조 때 주어졌던 소명이 더욱 구체적으로 아브라함을 통해 이 땅에 이루어질 것을 기대하고 있는 것입니다. 이것은 아브

라함만의 소명이 아니라, 아브라함을 믿음의 조상으로 인정하는 모든 사람들의 소명인 것입니다. 구약시대에는 이스라엘 백성의 소명이 되는 것입니다. 그러므로 아브라함의 길은 곧 이스라엘의 길이 되어야 하는 것입니다. 아브라함이 신앙의 여정을 시작하여, 역경과 흔들림 속에서도 끝까지 완주할 것인가에 따라 이 소명이 성취될 것인가, 아닌가가 결정될 것입니다.

아브라함의 신앙여정에서 시작에서의 가라는 명령은 '네 고향과 친척과 아버지의 집'을 떠나서 지시할 땅으로 가라는 것입니다. 즉 '고향과 친척과 아버지의 집'이라는 삼 단계의 결별입니다. 그러면 끝도 역시 이와 동일한 삼 단계의 결별이 기다리고 있을 것입니다. '네 아들, 네 사랑하는 독자, 이삭'을 데리고 가서 번제로 태우라는 것입니다. 구조는 똑 같으나 차이점이 있습니다. 시작은 아버지와의 결별이라면, 끝은 아들과의 결별입니다. 둘 다 만만치는 않습니다. 그 시작과 끝을 비교해 보지요.

시작(창 12장)		끝(창 22장)
* 출발명령: '가라!'		* 출발명령: '가라!'
* 삼 단계의 결별: 고향과 친척과 아버지 집	⇨ ⇨	* 삼 단계의 결별: 네 아들, 네 사랑하는 독자, 이삭
* 결별대상: 아버지		* 결별대상: 아들

이 두 가지는 무엇을 의미하는 것일까요? 이 두 명령이 의문스러운 것은 구약의 율법 속에는 분명하게 '네 부모를 공경하라'신5:16는 명령이 들어가 있고, 또한 하나님께서 자식을 번제로 태워 바치는 것은 이교적인 행위이며 이스라엘은 결코 하지 말아야 한다는 것을 누누이 강조하셨기 때문입니다.레18:21;신18:10 그러므로 이 시작과 결론 속에는 분명 숨겨진 의미가 있을 것입니다. 아브라함의 신앙여정에서 이 두 가지 시작과 끝이 의미하는 바는 인간이 일생을 살아가며 반드시 필요한 요소를 다 포함하는 내용일 것이 분명합니다. 탄생과 성장 속에서 부모라는 존재의 중요성과 늙음과 죽음으로 향하며 자녀라는 존재의 의미는 삶의 바탕과 미래의 의미를 제공해 주는 역할이라 할 수 있기 때문입니다.

고향과 친척과 아버지 집은 우리의 과거이며, 근본이요, 나무로 치면 뿌리라 할 수 있습니다. 우리가 의지하며 살아가는 모든 것을 상징합니다. 우리는 끊어내면 죽을 것으로 생각하며 부여잡고 살아가는 많은 것들이 있습니다. 그 모든 것이 이것에 해당됩니다. 그런데 그것을 끊는 것이 신앙의 출발임을 보여주십니다. 이렇게 뿌리, 즉 의지하는 모든 것을 잘라냈습니다. 마지막으로 원하시는 것은 미래이며, 희망이고, 나무로 치면 가지이며 열매인 아들을 태워 바치라는 것입니다. 100세가 훌쩍 넘어버려 이제는 생의 마감을 기다리고 있는 인생에게 자식은 희망이며 우리에게는 또한 이루기를 바라는 모든 것입니다. 이걸 태워 바치면 이제 남는 것은 아무것도 없습니다. 그것이 바로 아브라함에게는 이삭이라는 아들입니다. 바라는 모든 것이며, 이루기를 소망하는 모든 희망이요, 기대인 것입니다. 그러므로 이 시작과 끝은 신앙의 출발은 모든 의지하는 것을 끊고 하나님께 신뢰를 두는 것이며, 결론은 이루기를 바라는 모든 것을 하나님 손에 올려드리는 것이라 할 수 있습니다.

시작 (창 12장)		끝 (창 22장)
* 출발명령: '가라!'		* 출발명령: '가라!'
* 삼 단계의 결별: 고향과 친척과 아버지 집	⇨ ⇨	* 삼 단계의 결별: 네 아들, 네 사랑하는 독자, 이삭 (22:2a)
* 결별대상: 아버지 (과거, 근본, 뿌리) * 의미: 의지하는 모든 것		* 결별대상: 아들 (미래, 희망, 가지와 열매) * 의미: 이루기를 바라는 모든 것

이렇게 이 두 가지는 한 인간을 정의할 수 있는 가장 중요한 두 가지입니다. 뿌리이며, 가지와 열매입니다. 나무가 뿌리를 자르고, 가지를 다 잘라버리면 살 수 있을까요? 어느 누구든지

"결코 살 수 없다"라고 여기기에 이것이 결코 쉽지 않다는 것을 인정합니다. 우리 시대에도 힘들고, 아브라함이 살았던 고대 근동의 상황 속에서도 이것은 사형선고와도 같은 것이라 할 수 있습니다. 아브라함 또한 뿌리를 자르고, 가지를 쳐내면 남는 것은 죽음을 앞둔 늙은 몸뚱이 밖에는 없습니다.

하지만 이 속에는 인간이 안고 있는 모든 고질적인 문제를 해결할 수 있는 열쇠 또한 포함하고 있다는 점에서 사형선고가 아니라, 오히려 그 반대인 죽음으로부터의 해방이며, 진정한 진리를 향한 자유의 여정이라 할 수 있습니다. 하나님께서 뿌리를 끊으라 하실 때에는 하나님이 생명의 공급원이 되는 뿌리가 되어 주실 것임을 약속하시는 것이며, 가지와 열매를 쳐내라고 할 때 하나님이 미래의 희망이 되실 것이며, 그 희망을 이루는 주체가 되어 주실 것임을 약속해 주시는 것입니다. 이것은 아브라함과 우리를 세상으로부터 다시 하나님께로 심으시려는 것입니다.

이 시작과 끝을 생각하면 다윗의 유명한 신뢰의 노래인 시편 23편이 머리에 떠오릅니다. 그 시작은 "여호와는 나의 목자시니 내게 부족함이 없으리로다"입니다. 이 세상의 그 어떤 것도 아닌 오직 하나님이 목자가 되시니 부족함이 없다는 것은 곧 하나님만이 진정한 의지의 대상임을 고백한 것입니다. 그리고 마지막은 "내가 여호와의 집에 영원히 살리로다"로 마감됩니다. 바라는 모든 것을 하나님께 맡기고 하나님 안에 거하는 삶인 것입니다. 이것은 태초의 인간인 아담이 가장 풍성한 대지인 하나님으로부터 스스로 뿌리를 뽑아 하나님처럼 되려고 자신이 만든 안전장치에 둠으로 죽음의 길로 갔다면 이제 하나님께서 그 반대의 역사를 통하여 인간에게 생명을 주려 하시는 것입니다. 인간은 영원한 하나님, 능력이 무한하신 하나님과 하나로 연결되어 있었습니다. 그런데 하나님처럼 되겠다고 그 관계를 끊어버렸습니다. 나무가 하나님에게서 뿌리를 뽑은 것입니다. 그 때부터 이미 죽음은 내정된 것입니다. 잠시 사는 듯하지만 뿌리 뽑힌 나무는 반드시 죽습니다.

이제 생명의 길을 위해 꼭 필요한 것이 있습니다. 인간 스스로 어떻게든 죽어가는 인생을 조금이라도 더 연장하여 살아보려고 기대고, 의지했던 모든 것을 내려놓아야 합니다. 그래야 하나님께로 다시 돌아갈 수 있습니다. 하나님께서 아브라함에게 명령하신 것이 바로 이것입니다. 수천 년의 세월 동안 인간이 마련한 모든 안전장치를 다 잘라내라고 명령하시는 것입니다. 하나님께서 아브라함의 뿌리를 자르고 가지를 잘라내는 것은 인간을 근본도, 미래도 없는 존재로 만드시려는 것이 아니라, 진정한 장소에 뿌리내리고 가지를 뻗어 열매 맺게 하려는 것입니다. 바로 하나님 안에 다시 심으시려는 것입니다. 인간이 선악과를 취한 순간 인간은 하나님같이 되는 특권을 누릴 수 있게 되었는지는 모르지만 하나님의 영원한 생명으로부터 뿌리 뽑혀 죽어가는 존재가 된 것입니다. 하나님께서는 아브라함을 인간이 만들어 놓은 거짓 안정과 안주의 틀을 깨고 진정한 안식의 세계로 초대하시는 것입니다. 그 것은 필연적으로 인간이 만든 모든 안전의 틀을 깨고 오직 하나님의 명령에 따를 때 가능해집니다. 하나님의 진리의 말씀대로 살아가는 그곳에 진정한 자유와 영원한 생명의 길이 있기 때문입니다.

　　　　하나님께서 왜 마지막에 이삭을 달라고 하시는 것일까요? 이삭이라는 존재에 의지해서 미래를 계획 세우고, 안주할 때 또다시 무너질 세상을 보시기 때문입니다. 아브라함에게 이삭이란 존재는 아담에게 선악과 같은 유혹이 될 수 있고, 노아에게는 포도주와 같이 자신의 안위와 향락만 추구하는 것이 될 수 있습니다. 그러나 우리가 의지하는 모든 것과 기대하는 모든 것을 하나님의 손에 올려 드릴 때 모두가 행복한 하나님 나라가 이루어지기 때문입니다. 우리의 모든 것을 하나님께 기꺼이 올려 드릴 때 하나님께서 이루실 나라는 모두가 복된 세상입니다. 그러므로 빼앗으시려는 것이 아니라, 더 나은 것으로 돌려주시려는 하나님의 계획이신 것입니다. 이 여정이 결코 만만치 않습니다. 사람의 삶이라는 것이 의지하는 것은 내려놓았는데, 이루고 싶은 것은 놓지 못하고 부여잡고 살아갈 때가 많습니다. 하나님께서는 하루아침에 이 모든 것을 다 이루라고 강요하지 않으십니다.

신앙의 출발이 있었던 고향과 친척과 아버지 집에서 떠난 것이 75세였다면 이삭을 태워 바치라는 명령은 아브라함이 100세에 이삭을 낳고, 이삭이 모리아 산으로 올라갈 때 나뭇짐을 지고 올라간 것을 보면 최소한 청소년의 나이는 되었을 것이란 점에서 15년은 족히 흘러갔을 것을 짐작케 합니다. 그럼 모두 합하여 40년의 세월은 흘러갔습니다. 그 세월 동안 하나님과의 신앙여정이 있었기에 때가 되어 하나님께서 아브라함을 시험하시는 것입니다. 무작정 준비도 안 되었는데 시험하시는 하나님이 아니십니다. 다음 단계로 전진하기 위한 마지막 점검이신 것입니다. 그 다음 단계는 무엇일까요?

하나님께서 보시고 싶으신 것은 그러한 순종의 삶으로 모든 것이 다 사라질 절체절명의 순간에도 흔들림 없이 하나님만을 신뢰하며 순종하는지를 보고 싶으신 것입니다. 이를 통해 주시고자 하는 것이 있습니다. 하나님께서 이렇게 아브라함의 순종을 시험하신 이유가 있는 것입니다. 그것은 이삭을 바치려는 행동을 멈추게 한 후에 하나님의 사자가 두 번째 나타나서 아브라함에게 전하는 하나님의 약속만 보아도 알 수 있습니다.

여호와의 사자가 하늘에서부터 두 번째 아브라함을 불러 이르시되 여호와께서 이르시기를 내가 나를 가리켜 맹세하노니 네가 이같이 행하

여 네 아들 네 독자도 아끼지 아니하였은즉 내가 네게 큰 복을 주고 네
씨가 크게 번성하여 하늘의 별과 같고 바닷가의 모래와 같게 하리니
네 씨가 그 대적의 성문을 차지하리라 또 네 씨로 말미암아 천하 만민
이 복을 받으리니 이는 네가 나의 말을 준행하였음이니라 하셨다 하
니라(창 22:15-18)

　　　하나님께서 이 마지막에 자신의 영원하신 이름을 걸고
반드시 실현시켜 주시겠다고 확증해 주시는 것이 있습니다. 이 약
속들은 분명 어딘가에서 보았던 내용들입니다. 용어가 조금씩 달
라져 있지만 그것은 더욱 구체적인 표현을 사용했기 때문입니다.
아브라함의 신앙의 출발 때 하나님께서 주셨던 약속들과 비교해
보면 쉽게 이해가 될 것입니다.

	천지창조 때 인류에게 주신 소명(창 1:28)	아브라함에게 주신 약속/소명 -출발 때 (창 12:1-3)	아브라함에게 주신 약속/소명 - 결론 때 (창 22:15-18)
1	생육하고, 번성하여, 땅에 충만하라	큰 민족, 창대한 이름이 되게 하실 것	씨가 크게 번성 - 하늘의 별, 바닷가 모래
2	땅을 정복하라	보여줄 땅으로 가라	네 씨가 대적의 성문을 차지할 것
3	모든 것을 다스리라	복을 주고, 세상 모든 민족이 너를 통해 복을 받을 것	네 씨로 천하만민이 복을 받을 것

이렇게 약간의 표현만 바뀌었지, 그 본질적인 내용은 동일합니다. 큰 민족, 이름의 창대는 곧 후손의 번성으로 하늘의 별과 바닷가의 모래와 같을 것이라는 점을 보여줍니다. 시작에서의 땅은 가나안 사람들이 가득 찬 땅이었습니다.창12:6 그런데 결론에서는 가나안족이 가득 차 있을지라도 대적의 성문을 차지하게 된다는 것은 곧 땅 정복이 성취될 것을 말합니다. 그리고 복의 근원이 되어 천하만민이 복을 누릴 것이라는 점은 동일하게 마지막 결론이 됩니다. 아브라함의 순종은 이와 같이 하나님께서 부여해 주신 약속과 소명에 놀라운 성취를 가져옵니다.

그렇다면 이미 아브라함의 출발에서 주어진 하나님의 약속과 소명이 왜 아브라함이 이삭을 바치는 순종을 보인 후에야 하나님께서 자신의 이름을 걸고 반드시 성취하겠다고 확증하시는 것일까요? 하나님께서는 아브라함의 중심을 보신 것입니다. 하나님의 명령 한 마디에 자신의 가장 소중한 것까지도 기꺼이 하나님께 올려드리는 순종을 보신 것입니다. 그 순종은 곧 하나님께서 아브라함에게 어떤 것이든 성취시켜 주시고, 베풀어 주실지라도 그 축복을 자신의 것이라 하지 않고, 하나님께서 명령하시면 언제든지 하나님의 뜻을 따라 드릴 준비가 되어 있기 때문입니다. 아브라함이 그로 인해 실족하거나, 타락하여 저주스런 삶이 되지 않을 것을 보신 것입니다. 하나님께서는 아브라함의 것을 빼앗기 위하여 이삭을 달라고 하신 것이 아니라, 더 좋은 것을 채우시기 위해서 중심을 점검하신 것입니다. 그래야 아브라함을 통해 이루기를 소망하신 "세상 모든 사람들이 너를 통하여 복을 누릴 것이라"는 뜻이 이루어질 수 있기 때문입니다.

　　　지금 우리도 걸어야 할 제자도는 축복을 달라고 부르짖는 것이 아니라, 아브라함이 보여준 시종일관의 순종의 길입니다. 우리의 중심을 보시고, 아시면 이와 같이 이미 약속하신 축복을 완전하게 성취시켜 주실 것입니다. 그리고 그로 인해 하나님께서 우리에게 부여해 주신 태초의 소명이 성취되는 길도 열리는 것입니다. 하나님께서 아브라함의 이 중심을 보시고 말씀하시길 "내가 나를 가리켜 맹세하노니"라고 하나님께서 자신의 이름을 걸고 맹세하신 것입니다. 이것은 반드시 이루어진다는 것입니다. 하나님께서 우리의 순종이 필요하신 이유는 분명합니다. 바로 우리에게 축복을 주시길 소망하시는 것입니다. 그리고 그 축복이 고여있음으로 믿음의 변질이 일어나는 저주가 되는 것이 아니라, 우리 주변으로 그리고 세상 모든 민족들에게 흘러가는 축복의 통로가 되기를 소망하시기 때문입니다. 이것이 바로 바른 다스림입니다. 우리에게 주신 모든 것을 언제든지 하나님의 말씀 따라 사용하는 것입니다. 이를 통해 이 세상 모두가 행복한 세상을 이루는 것이 하늘 아버지의 뜻입니다. 우리가 의지하는 모든 것을 하나님께로 옮기고, 우리가 되기를 소망하는 모든 것을 하나님 손에 올려드릴 때 이루어질 것입니다.

이렇게 아브라함의 시작과 끝은 하나님께로 모든 것을 옮겨 놓는 신앙의 여정이며, 이것을 성공적으로 이루어낸다면 믿음의 조상의 길을 통하여 후손들에게 믿음의 여정이 어떠한 길인가를 제시하는 본이 될 것입니다. 이 양 끝을 한 마디로 축약하면 하나님의 말씀에 대한 '철저한 순종'입니다. 아브라함에게는 '고향과 친척과 아버지의 집' 그리고 '아들, 사랑하는 독자, 이삭'이라는 형태를 통해 순종을 묻고 있다면 아브라함의 후손들에게는 이것이 더욱 구체화되어 '삶의 법'출 20-23장; 신 12-26장으로 주어지며 순종을 기대합니다. 이스라엘에게 주어진 율법 속에는 인간적인 의지를 내려놓고, 하나님만 신뢰하는 것 그리고 인간적의 욕심을 포기하고 하나님의 뜻을 이루는 것이 중심에 자리 잡고 있습니다. 법 따라 살아가는 순종 속에 평화와 평등의 하나님 나라가 있습니다. 이스라엘 전체가 바로 이와 같은 아브라함의 제자도를 따라간다면 세상은 희망이 있습니다.

지금 우리 또한 믿음으로 아브라함의 후손들입니다. 우리의 길 또한 이와 다르지 않다는 것이 분명합니다. 이 시대 우리 그리스도인들은 아브라함의 그 시작과 끝을 완성시켜 이 시대를 하나님의 시대로, 하나님의 땅으로 바꾸어 가는 완성의 사명이 주어져 있습니다. 즉 아브라함의 신앙의 시작과 끝은 지금 우리에게는 완성시켜야 할 삶의 길인 것입니다. 이 땅에 하나님 나라, 즉 천국을 이루는 일체의 비결이 하나님의 말씀을 따르는 순종의 길인 제자도에 달려 있는 것입니다.

2) 신약에서의 제자도

아브라함을 통하여 구약의 하나님의 백성이 걸어가야 할 제자도를 살펴보았습니다. 우리의 길 또한 이와 다르지 않다는 것이 분명합니다. 신앙의 본이 되는 삶을 통하여서 이 땅을 하나님의 땅, 천국을 누리는 장소가 되게 만들어가는 것이 지금 우리의 사명일 것입니다. 예수님께서 가장 처음으로 선포한 "회개하라, 천국이 가까이 왔느니라"^{마4:17}는 이 땅에서 천국을 맛보는 삶이 있음을 알리는 신호탄입니다. 이 땅에 천국이 임하고, 넓혀진다는 것은 필연적으로 하나님의 뜻을 따르는 제자들이 생육하고, 번성하여, 땅에 충만해야 할 것입니다. 그리고 땅을 복음으로 정복해야 하며 마침내는 세상 모든 민족이 예수 그리스도의 이름 앞에 무릎 꿇는 역사가 펼쳐져야 합니다. 이를 위해 반드시 회개라는 삶의 돌이킴이 필요합니다. 세상도 거머쥐고, 천국도 누리는 방법은 이 세상에 없습니다. 회개는 돌이키는 것이고, 삶의 방식을 세상에서 완전히 꺾어서 하나님께로 나아가는 삶인 것입니다. 이미 구약에서 믿음의 조상인 아브라함이 보여주었습니다. 지금 우리에게는 그 길을 이루는 것이 바로 제자의 삶일 것입니다.

그것을 입증하듯이 복음서에는 시작인 마태복음부터 예수님의 제자의 길이 주어져 있습니다. 우리 모두는 제자가 되어야 할 사람들입니다. 그러기에 제자의 길의 시작과 끝은 우리의 삶이 되어야 합니다. 그런데 제자의 길의 시작과 끝이 아브라함의 신앙 여정의 시작과 끝과 결코 다르지 않다는 것입니다. 당연한 귀결이겠지요. 구약과 신약이 다르다면 동일하신 성령의 역사가 아닐 것입니다. 신약은 구약의 완성입니다. 그 성취가 일어나는 것입니다. 아브라함이 보여주었던 삶의 길은 이제 우리 그리스도인들을 통하여 이 땅에서도 누리는 천국으로 그 완성에 이르러야 합니다. 아브라함으로부터 시작된 제자의 길이 마침내 우리 그리스도인들을 통하여 올바른 결론에 이르러야 할 때가 된 것입니다. 이제 제자의 삶의 시작과 끝을 살펴봅니다.

시작(마 4:18-22)	끝(마 16:21-24)
갈릴리 해변에 다니시다가 두 형제 곧 베드로라 하는 시몬과 그의 형제 안드레가 바다에 그물 던지는 것을 보시니 그들은 어부라 말씀하시되 나를 따라오라 내가 너희를 사람을 낚는 어부가 되게 하리라 하시니 그들이 곧 <u>그물을 버려 두고 예수를 따르니라</u> (ἀκολουθέω 아콜루쎄오) 거기서 더 가시다가 다른 두 형제 곧 세베대의 아들 야고보와 그의 형제 요한이 그의 아버지 세베대와 함께 배에서 그물 깁는 것을 보시고 부르시니 <u>그들이 곧 배와 아버지를 버려 두고 예수를 따르니라</u>(ἀκολουθέω 아콜루쎄오)	이 때로부터 예수 그리스도께서 자기가 예루살렘에 올라가 장로들과 대제사장들과 서기관들에게 많은 고난을 받고 죽임을 당하고 제삼일에 살아나야 할 것을 제자들에게 비로소 나타내시니 베드로가 예수를 붙들고 항변하여 이르되 주여 그리 마옵소서 이 일이 결코 주께 미치지 아니하리이다 예수께서 돌이키시며 베드로에게 이르시되 <u>사탄아 내 뒤로 물러 가라</u> 너는 나를 넘어지게 하는 자로다 네가 하나님의 일을 생각하지 아니하고 도리어 <u>사람의 일</u>을 생각하는도다 하시고 이에 예수께서 제자들에게 이르시되 <u>누구든지 나를 따라오려거든 자기를 부인하고 자기 십자가를 지고 나를 따를 것이니라</u>(ἀκολουθέω 아콜루쎄오)

　　여기서 이 시작과 끝의 공통점은 무엇인가요? 그렇습니다. 예수님께서 시작도 끝도 '나를 따르라'고 명령하십니다. 제자의 길은 시작부터 끝까지 예수님의 뒤를 따르는 것입니다. 아브라함이 하나님의 명령으로 시작도 '가라,' 끝도 '가라'인 '레크-레

카' 였다면^{창 12:1; 22:2} 이제 마지막 완성은 이 땅에 오신 하나님이신 예수 그리스도를 처음부터 끝까지 '따르는 것'^{ἀκολουθέω 아콜루쎄오;마 4:22; 16:24}입니다. 예수 그리스도를 따르는 것에 유일한 생명의 길이 있습니다. "내가 길이요, 진리요, 생명이니 나로 말미암지 않고는 아버지께로 올 자가 없느니라"^{요 14:6}는 말씀 속에 그리스도인 제자도가 향해야 할 방향이 정해져 있습니다. 그런데 여기서도 시작과 끝의 차이점이 있습니다. 시작에서의 결별과 끝에서의 결별의 내용이 다릅니다. 시작에서는 그물, 배와 아버지였습니다. 그리고 마지막은 사탄으로부터이고, 사람의 일이고, 자기주장으로부터의 결별입니다. 이는 곧 자기 부인이 일어나는 십자가의 길입니다. 주님 가신 길은 우리가 가야 할 길이며, 그 길 끝에서 마침내 주님과 함께 얼굴과 얼굴을 맞대고 볼 것입니다. 이것을 도표로 살펴보면 어딘가를 기억나게 해 줄 것입니다.

시작 (마 4장)		끝 (마 16장)
* 출발명령: 나를 따르라	⇨ ⇨	* 출발명령: 나를 따르라(십자가로)
* 세 가지 결별: 그물, 배, 아버지		* 세 가지 결별: 사탄, 사람의 일, 자기주장
* 결별대상: 그물, 배, 아버지		* 결별대상: 자신의 꿈, 뜻, 계획

여기서 예수 그리스도를 따르는 제자도의 시작은 그물과 배와 아버지를 버리는 것입니다. 아버지가 뜻하는 것은 과거이며, 근본이며 나무로 치자면 뿌리라 할 수 있습니다. 그리스도인 제자도에서는 이 아버지가 의미하는 것이 무엇인지도 분명하게 보여주기 위해 그물과 배와 함께 언급됩니다. 이는 곧 어부로서 살아온 사람들에게는 생존의 도구이며, 삶을 위해 의지하는 모든 것을 뜻합니다. 결국 시작은 아브라함에게 있어서와 동일한 의존의 도구들을 다 버리고 하나님이신 예수 그리스도를 생존과 생명의 근본으로 의지하는 것입니다. 역시 결론은 더욱 강력한 포기가 기다리고 있습니다. 사탄이 부여해 준 것, 사람의 일, 즉 사람이 계획 세우고 꿈꾸는 것, 이루고 싶은 것 그것을 주님 손에 다 올려드리고 주님의 뜻을 받드는 것입니다. 이것은 곧 자기를 부인하는 것이며, 가장 소중한 생명을 예수님 손에 올려 드리는 것입니다. 십자가의 은혜를 값없이 받은 자로서 자기를 부정한다는 것은 결국 주님의 은혜가 삶을 이끌어 가는 것을 의미합니다. 이처럼 제자도의 결론은 아브라함이 자신의 분신이라 할 수 있는 생명과도 같은 이삭을 태워드려야 하듯이, 우리 또한 우리의 호흡 하나까지 모조리 다 주님 뜻을 이루는데 내어드리는 십자가의 길을 걷는 것입니다. 이것을 도표로 표현하면 역시 다음과 같습니다.

시작 (마 4장)		끝 (마 16장)
* 출발명령: 나를 따르라		* 출발명령: 나를 따르라(십자가로)
* 세 가지 결별: 그물, 배, 아버지	⇨ ⇨	* 세 가지 결별: 사탄, 사람의 일, 자기자신(자기 부인)
* 결별대상: 그물, 배, 아버지 (과거, 근본, 뿌리) *의미:의지하는 모든 것		* 결별대상: 자신의 꿈, 뜻, 계획 (미래, 희망, 가지와 열매) * 의미:이루기를 바라는 모든 것

　　이 제자도의 과정은 '회개하라 천국이 가까이 왔느니라'
의 말씀에서 회개가 무엇인가를 선명하게 보여주고 있는 것입니
다. 돌이키는 것입니다. 세상을 바라보며 살았던 것에서 철저하게
예수님께로 방향을 트는 것입니다. 예수님의 "나를 따르라"는 음
성에 순종하여 나서는 것입니다. 그것이 회개의 시작입니다. 이렇
게 시작은 역시 우리가 의지하는 모든 것과의 결별입니다. 그물,
배, 아버지는 생존을 위하여 의지하는 모든 것이 다 포함되는 것입
니다. 이것은 우리에게 사람 낚는 어부가 되기 위해 우리의 직
업을 버려야 한다는 것을 뜻하지 않습니다. 직업이든, 돈이든, 지
위든 그 어떤 것도 결코 목적이 되지 않게 하라는 것입니다. 이 모

든 것은 수단이요, 도구일 뿐입니다. 주신 그 모든 것들을 다 활용하여 사람 낚는 어부, 천국 어부가 되라는 것입니다.

회개하는 돌이키는 삶의 결론도 역시 예수님을 따르는 것입니다. 그런데 그 강도가 하나님의 일을 생각지 않고, 사람의 일을 생각하며 자신의 계획과 뜻을 이루려고 하였던 모든 것인 자기를 부인하고 십자가를 지고 따르는 것입니다. 십자가를 지고 따른다는 것은 곧 자신의 모든 것을 십자가에 못 박는 것입니다. 그것은 자신의 계획과 뜻, 꿈이라는 미래의 희망까지도 하나님께 다 올려드리는 것을 뜻합니다. 이것은 바라는 모든 것, 되기를 꿈꾸는 모든 것을 다 하나님 손에 올려 드리고 주님께서 쓰시도록 하는 것입니다.

이 내용은 아브라함의 이야기와 결코 다르지 않을 것입니다. 아브라함에게는 고향과 친척과 아버지의 집을 떠나 하나님께서 지시할 땅으로 가는 것이 시작이었다면, 우리는 그 모든 인간적인 의지를 끊고 예수 그리스도를 따르는 것입니다. 그 따름 속에 가나안 땅인 하나님의 땅이 기다리고 있었다면, 우리 그리스도인들에게는 하나님 나라, 천국의 성취가 기다리고 있습니다. 그리고 아브라함이 자신의 생명 그 자체이며, 모든 꿈인 아들, 사랑하는 독자, 이삭을 하나님께 올려드리기 위해 모리아산으로 갔다면, 우리는 우리의 모든 꿈과 자아를 못 박기 위하여 예수님께서 십자가에 달리신 골고다 언덕으로 나아가는 것입니다. 그렇게 우리를 구원하기 위해 생명을 내어주신 주님의 은혜에 응답하여, 우리의 생명까지도 다 주님께 올려드리는 것입니다.

예수님께서 왜 이렇게 시작부터 끝까지 예수님의 명령을 따르기를 원하실까요? 그것은 우리에게 더 좋은 것을 주시기 위함입니다. 이 땅에서 왜곡되고, 죄악 된 가운데 살아가는 불완전한 삶이 아니라, 하나님 안에서 살아가는 영생의 길을 주시기 위함입니다. 그 아름답고, 행복한 영원한 생은 모든 것을 다 내주어도 아깝지 않은 것입니다. 예수님께서 십자가의 여정 속에서 부자 청년에게 모든 재산을 다 팔아 가난한 자들에게 나누어 주고 "너는 나를 따르라" 하시는 이유는 이 청년이 더 나은 것을 추구하고 있기 때문입니다.^{마 19:21} 영생에 대한 갈증, 이 땅에서 부족한 것 없이 누리고, 또 누려도 채워지지 않는 갈증, 그것은 오직 예수 그리스도 안에 있어야만 누릴 수 있는 영생 바로 천국을 갈망하기 때문이었습니다. 그 천국은 이 세상에 있는 모든 것을 다 팔아서라도 사야만 하는 값진 것입니다.

그런데 이 시작과 끝으로 가는 과정에서 제자들은 그물과 배와 아버지를 버려두고 예수님을 따랐습니다. 이 출발이 가야 할 종착점은 십자가의 길인데 제자들은 그 십자가를 눈앞에 두고 사람의 일을 꿈꿉니다. 우리도 때로 우리가 의지하는 모든 것을 끊고 예수님을 따라 나서는 제자도를 비록 힘들지만 시작합니다. 그러나 의지하는 모든 것을 끊어낸 것이 많은 부분 이 땅에서 더 나은 것을 얻으려는 속셈을 가지고 예수님을 따르는 목적 일 때가 있습니다. 제자들 또한 그러한 모습을 적나라하게 보여줍니다. 십자가를 향하여 걸으시는 예수님의 뒤를 따라가며 "누가 더 크냐?" 라고 다툼을 벌입니다.마 18:1; 막 9:34 그리고 야고보와 요한 형제는 다른 제자들 몰래 예수님께 다가와서 하나는 주의 우편에 하나는 주의 좌편에 앉는 이 땅에서 최고가 되는 길을 열어달라고 청탁을 합니다.마 20:21; 막 10:37 이 속에서 분명하게 드러나는 것은 그물과 배와 아버지라는 자신들의 생존을 위해 의지하던 것을 버린 것이 이 땅에서 더 나은 생존의 길을 차지하려는 속셈이 들어가 있다는 것을 알 수 있습니다. 그런 곳에는 하나님께서 꿈꾸시는 천국은 없습니다. 인간의 나라, 욕망의 나라, 이 땅의 나라가 있을 뿐입니다. 지금 우리는 우리의 자아를, 꿈을, 희망을, 바램을, 계획을 십자가에 못 박고 주님의 뜻이 이루어지이다 외치며 주님 뒤를 따라가고 있는지, 아니면 내가 이렇게 희생하고, 헌신하며 주님을 예배하고 있으니, 이보다 더 나은 것은 제공해 주셔야 한다고 씨름을 하고 있는지를 돌아볼 때입니다. 마지막 날이 오면 하늘이 불에 타서 풀어지고, 물질이 뜨거운 불에 녹아지고 우리는 주님의 약속대로 새 하늘과 새 땅을 바라볼 것입니다.벧후 3:9-13 이것은 영원하지 않은 것은 다 사라질 것임을 알려주고 있으며, 어디에 믿음의 초점을 맞추어야 할 것인가를 증거하는 것입니다. 이 길을 완주하기 위해 아브라함에게 신앙여정의 출발에서 아버지를 떠나 마지막 순간에 이삭을 드리기까지 40여년의 하나님과의 신앙의 교제가 필요했듯이 제자들에게도 지금 우리에게도 구주되시는 예수 그리스도와의 깊은 사귐과 교제의 세월이 필요합니다. 그 과정속에서 보혜사 성령님의 임재로 예수 그리스도의 십자가와 부활의 증인이 될 때 시종일관의 제자도는 완성의 길로 나아갈 것입니다.

그리고 이렇게 시종일관 그리스도인 제자도의 길을 걸어가면 마침내 이루어질 것이 있습니다. 하나님께서는 그것을 기대하시고, 이 땅에 오셔서 십자가를 지시고, 우리가 그 길을 걷는 제자들이 되기를 바라시는 것입니다. 그 기대는 바로 태초에 천지를 창조하실 때 품으셨던 하나님의 뜻을 이 땅에서 성취하는 것입니다.

예수께서 나아와 말씀하여 이르시되 하늘과 땅의 모든 권세를 내게 주셨으니 그러므로 너희는 가서 모든 민족을 제자로 삼아 아버지와 아들과 성령의 이름으로 세례를 베풀고 내가 너희에게 분부한 모든 것을 가르쳐 지키게 하라 볼지어다 내가 세상 끝날까지 너희와 항상 함께 있으리라 하시니라(마 28:18-20)

예수님께서 십자가 지시고, 부활하신 후에 제자들에게 주신 소명은 곧 마침내 인류가 이루어야 할 소명의 길을 다시 한 번 제시해 주고 있습니다. 이 소명은 이제 십자가의 은혜를 체험한 우리 그리스도인들이 대대로 이루어야 할 사명인 것입니다. 천지창조 때 인류에서, 아브라함으로부터 이스라엘로 그리고 마침내 예수님으로부터 그리스도인들에게로 연결되는 사명의 고리인 것입니다. 용어는 변했지만 본질은 다를 바가 없습니다.

	천지창조 때 소명(창 1:28)	아브라함의 약속 /소명(창 12:1-3)	그리스도인의 소명(마 28:19-20)
1	생육하고, 번성하여, 땅에 충만하라	큰 민족, 창대한 이름이 되게 하실 것	가서 모든 민족으로
2	땅을 정복하라	보여줄 땅으로 가라	제자를 삼아 아버지와 아들과 성령의 이름으로 세례를 주고
3	모든 것을 다스리라	복을 주고, 세상 모든 민족이 너를 통해 복을 받을 것	너희에게 분부한 모든 것을 가르쳐 지키게 하라

천지창조 때 인류에게 주어졌던 것이 이스라엘을 거쳐 다시 모든 민족으로 회복되었습니다. 그리고 이 지구 전체를 정복해야 할 것이 약속의 땅으로 축소되었다가 마침내 모든 민족을 제자 삼는 것으로 다시 확장되어 완성에 이를 것입니다. 다스림은 모든 민족이 복을 받는 길로 가게 하는 것이며 이제 그 길은 예수 그리스도의 복음을 세상에 전하는 것으로 성취될 것입니다. 우리 그리스도인들이 이 소명의 길을 걷는다면 태초의 창조 때부터 품으신 하늘 아버지의 오랜 꿈이 성취되는 것입니다. 이제 궁극적인 성취와 완성을 기대할 수 있는 것은 우리의 죄가 다 씻겨나갔기에 하늘과 땅의 모든 권세를 가지신 예수 그리스도께서 보혜사 성령으로 임재하시어 세상 끝날까지 제자의 길을 걷는 우리와 영원히 함께 하실 것이기 때문입니다. 지금 우리는 이렇게 하나님의 뜻이 이 땅에서도 이루어지도록 부름받은 제자들입니다.

이렇게 우리는 사람을 낚는 어부로 부름을 받았고, 천국을 이 땅에 심는 예수님의 제자이며, 십자가의 군사로 결론에 이르러야 합니다. 그렇다면 반드시 십자가의 길을 걸으시는 예수님의 뜻이 우리 안에서도 발견되어야 할 것입니다: "인자가 온 것은 섬김을 받으려 함이 아니라 도리어 섬기려 하고 자기 목숨을 많은 사람의 대속물로 주려 함이니라."마 20:28 마태복음에서 천국은 밭에 감추인 보화라고 합니다. 그것을 발견한 사람은 자신의 모든 것을 다 팔아 그것을 산다는 것입니다.^{마 13:44-46} 그러한 진정한 생명의 길을 주시려고 의지하는 모든 것을 내려놓고, 이루고자 하는 모든 것을 하나님께 맡기고 그 뒤를 따르라 하시는 것입니다. 구원받고 부름받은 그리스도인으로서 예수 그리스도의 이 따르라는 명령을 시종일관 따르는 제자도를 이루어간다면 우리를 통하여 이 세상은 인간의 욕심과 욕망이 사라진, 하나님 나라 천국이 실현되는 길을 열어갈 것입니다. 이 신앙여정의 시작과 끝이 구체화 되어서 주어진 것이 바로 예수님의 산상수훈입니다. 예수님을 따르기 위해 자신이 의지하는 모든 것을 끊어낸 존재만이 이 산상수훈의 법을 삶으로 이루어낼 수 있고, 그 법이 삶이 될 때 십자가는 선명하게 이 땅에 새겨질 것입니다. 이미 의지하는 모든 것을 끊고 제자도를 시작하였다면, 남은 평생의 길은 십자가를 향하는 삶을 살아감으로 사람의 일을 끊고, 자기를 부인하며 이 땅에 천국을 심는 사람 낚는 어부가 되어야겠습니다.

2. 무리의 길

말씀에 대한 순종여부가 제자의 길을 보여주고 있다면 말씀에 대한 삶의 거부가 곧 무리의 길로 갈라지게 하는 것임을 알 수 있습니다. 그러한 예는 구약과 신약 속에 허다하게 주어져 있습니다.

하나님의 말씀 속에는 긍정적인 순종과 승리의 역사보다는 안타깝게 실패한 불순종의 역사가 압도적으로 많다는 점에서 제자보다는 무리가 월등히 많을 수 있다는 것을 증거합니다. 이러한 통계는 우리에게 심각한 경각심을 심어주기도 합니다. 그러므로 무리의 길이 비록 부정적일지라도 제자도를 추구하는 우리에게는 강력한 반면교사가 될 수 있습니다. 순종의 사람은 불순종 속에서 더 큰 교훈을 배우는 제자가 될 수 있기에 무리의 길 또한 살펴야 할 필요가 있습니다.

1) 구약에서의 무리

아브라함의 뒤를 잇는 백성들이 탄생되었다는 것은 이 세상으로 보아서는 축복의 선물입니다. 세상을 환하게 비추고, 무너진 것을 회복시킬 수 있는 길이 열린 것이기에 축복 중의 축복인 것입니다. 하나님께서 이스라엘 백성들을 애굽 땅에서 생육하고, 번성하여, 땅에 충만하게 만든 후에^{창 47:27; 출 1:7} 드디어 출애굽을 시키시며 가나안 땅으로 들어가게 하십니다. 가나안 땅에 들어가기 전에 이들을 제자로 세우기 위해 시내산에서 율법을 주십니다. 말씀을 주신다는 것은 그 말씀을 따라 살아감으로 이스라엘이 하나님의 백성인 제자가 되고, 또 세상을 그 제자의 길로 이끄는 사명을 부여해 주시는 것입니다.

이제 이스라엘의 길은 정해졌습니다. 아브라함이 보여주었던 그 시종일관의 삶이 주어진 율법을 따르는 삶으로 연결되는 것입니다. 말씀이 구체적으로 주어졌다는 것은 장점이 될 수 있습니다. 삶에 좀 더 쉽게 적용할 수 있기 때문입니다. 아브라함의 삶이 갈바를 알지 못하고 고향과 친척과 아버지의 집을 떠나 이역만리 타국에서의 위험스런 여정을 보내야 했다면, 이스라엘은 하나님의 율법을 받고 광야라는 척박한 땅에서 그 말씀을 살아내야 하는 과제 앞에 놓였습니다. 시내산을 출발한 이들의 이야기가 제자도를 바르게 이루어냈는가 아닌가는 아브라함의 이야기처럼 이들의 시작과 끝만 살펴보면 알 수가 있습니다.

시내산을 출발하여 가장 먼저 나타난 이야기가 광야에서의 불순종인 만나에 대해 불평하는 이야기입니다.^{민11장} 광야여정은 생계를 하나님께 맡기고 출발하는 것입니다. 하나님께서 공급해 주시는 것으로 생활하며 삶의 모든 의지와 신뢰를 하나님께 맡기는 것을 훈련하는 장소인 것입니다. 하지만 그것에 실패한 이야기가 이들의 첫 번째 이야기라는 것은 안타까운 역사를 말해주는 것입니다. 그리고 이들이 모두 진멸된다는 선고를 받는 마지막 사건이 바로 가나안 땅 정탐꾼 사건입니다.^{민13-14장} 여기서 이들은 정탐꾼들이 가나안 땅의 거인족에 대하여 보고하자, 하나님께서 자신들이 원하고, 희망하는 것을 이루어 주지 못할 것으로 느꼈고, 자신들의 생각과 계획, 뜻대로 하겠다고 선포하기에 이릅니다. 단호하게 하나님께서 세우신 모세를 거부하고, 자신들의 뜻을 이룰 한 지휘관을 세우고 애굽으로 돌아가겠다는 것입니다. 이러한 이스라엘 광야 여정의 시작과 끝에 나타난 중요한 구절들을 비교해 보면 그 실패의 의미를 알 수 있습니다.

민 11:4-6	민 14:2-4
그들 중에 섞여 사는 다른 인종들이 탐욕을 품으매 이스라엘 자손도 다시 울며 이르되 누가 우리에게 고기를 주어 먹게 하랴 우리가 애굽에 있을 때에는 값없이 생선과 오이와 참외와 부추와 파와 마늘들을 먹은 것이 생각나거늘 이제는 우리의 기력이 다하여 이 만나 외에는 보이는 것이 아무 것도 없도다 하니	이스라엘 자손이 다 모세와 아론을 원망하며 온 회중이 그들에게 이르되 우리가 애굽 땅에서 죽었거나 이 광야에서 죽었으면 좋았을 것을 어찌하여 여호와가 우리를 그 땅으로 인도하여 칼에 쓰러지게 하려 하는가 우리 처자가 사로잡히리니 애굽으로 돌아가는 것이 낫지 아니하랴 이에 서로 말하되 우리가 한 지휘관을 세우고 애굽으로 돌아가자 하매

이들의 시작은 생존을 위해 의지하는 모든 것을 전폭적으로 하나님께 맡기지 않는 것으로 시작하여, 끝은 가나안 땅이라는 이루기를 소망하고, 갖기를 바라는 것을 하나님께 올려드리

지 못함으로 인하여 발생합니다. 하나님께서 가나안 땅으로 가라고 하셔서 출발하였고, 가나안 땅을 주시겠다고 약속하셨으니, 하나님께서 광야에서도 먹이시고, 입히시며, 부족함이 없게 하여 주실 것이며, 가나안 땅의 거인족도 정복케 하실 것을 믿지 못한 것입니다. 이것은 곧 믿음의 조상 아브라함이 자신이 의지하던 모든 것을 하나님의 명령 한마디에 끊어내고, 끝에서 자신이 바라고, 희망하는 모든 것을 하나님의 말씀 따라 올려드린 시작과 정반대의 삶이 됩니다. 아브라함이 보여준 하나님의 백성의 길, 즉 제자도가 그 후손들의 삶에서 반전이 되어버리는 것입니다. 제자가 되어야 할 존재들이 무리가 되는 길을 택한 것입니다.

시작(민 11장)		끝(민 13-14장)
* 하나님의 공급:만나		* 하나님의 공급:가나안 땅으로
* 이스라엘의 의지:애굽의 생선, 오이, 참외, 부추, 파, 마늘	⇨ ⇨	* 이스라엘이 바라는 것: 애굽 땅의 안전으로
* 의미: 생존을 위해 의지하는 모든 것		* 의미: 이루길 바라고, 희망하는 모든 것

　　결국 실패는 시작과 끝을 살펴볼 때 하나님을 향한 철저한 의지와 자신들의 간절한 소망을 하나님께 맡기지 못한 불신앙임을 알 수 있습니다. 결국 이들은 광야에서 죽어간 무리가 되어

버립니다. 그리고 안타깝게 길이길이 '출애굽 구세대'라는 명칭으로 불리는 오명을 남기고, 가나안 땅에 들어가야 할 세대였음에도 불구하고 광야에서 진멸되는 '조상'이 되어 버립니다. 그런데 그 조상이라는 칭호가 아브라함과 같은 '믿음의 조상'이 아니라 '불순종의 조상'이 되어 버린 것입니다.신 5:3; 겔 20:10-18

　　　그럼에도 우리는 결코 이들이 광야에서 죽어간 무리가 되었다고 해서 이들에게 구원이 있다, 없다를 논할 수는 없습니다. 즉 천국이 아닌 지옥이 예비 되어 있다고 말할 수 없습니다. 그 이유를 설명하면 다음과 같습니다. 이들이 광야에서 하나님을 최소한 열 번 이상은 시험한 사람들이며, 불순종으로 일관한 삶을 살았다는 점은 명백합니다.민 14:22 이들이 결국은 정탐꾼 사건을 마지막으로 약속의 땅에 들어가지 못한다는 징계를 받고 광야에서 죽음으로 그 끝에 이른다는 것은 사실입니다. 그리고 이들의 마지막 결정은 "우리가 한 지휘관을 세우고 애굽으로 돌아가자"민 14:4는 것이었습니다. 이것은 곧 하나님의 구원 역사를 무효화시키겠다는 것이며, 결국 하나님의 구원과 관계없는 존재들임을 선언한 것이란 점은 부인할 수 없습니다. 이에 대해 하나님께서 여호수아와 갈렙을 제외한 한 사람도 약속의 땅에 들어갈 수 없을 것이란 징계를 내리시고, 광야에서 모두 죽을 것이라고 선포하셨습니다.민 14:26-30

그러나 그렇다고 이들에게 하나님의 구원이 무효화 된 것은 아닙니다. 약속의 땅에 들어가지 못하는 것은 이들이 이루어야 할 사명을 완수하지 못했다는 것을 보여주는 것이지 이들이 구원받지 못한 존재라는 것을 증거 하는 것은 아닌 것입니다. 그렇다면 이들에게 희망은 무엇일까요? 그것은 하나님께서 이스라엘과 시내산에서 언약을 맺으시고, 그 언약의 순종과 불순종에 대한 축복과 저주를 선언하실 때 말씀하신 내용을 통해 짐작해 볼 수 있습니다. 죄를 저질러 멸망의 길로 갈 때 희망 또한 제시하고 계시기 때문입니다.

여호와께서 그의 앞으로 지나시며 선포하시되 여호와라 여호와라 자비롭고 은혜롭고 노하기를 더디하고 인자와 진실이 많은 하나님이라 인자를 천대까지 베풀며 악과 과실과 죄를 용서하리라 그러나 벌을 면제하지는 아니하고 아버지의 악행을 자손 삼사 대까지 보응하리라 (출 34:6-7)

하나님은 용서의 하나님이십니다. 기꺼이 용서할 준비가 되어 있으십니다. 그러나 벌은 결코 면제하지 않으십니다. 광야에서 거역한 백성들을 위한 모세의 간구를 들으시고 하나님께서 그들을 용서하십니다. 그러나 벌은 면제하지 않으신다는 것을 구체적으로 보여주십니다.

여호와는 노하기를 더디하시고 인자가 많아 죄악과 허물을 사하시나 형벌 받을 자는 결단코 사하지 아니하시고 아버지의 죄악을 자식에게 갚아 삼사대까지 이르게 하리라 하셨나이다 구하옵나니 주의 인자의 광대하심을 따라 이 백성의 죄악을 사하시되 애굽에서부터 지금까지 이 백성을 사하신 것 같이 사하시옵소서 여호와께서 이르시되 내가 네 말대로 사하노라 그러나 진실로 내가 살아 있는 것과 여호와의 영광이 온 세계에 충만할 것을 두고 맹세하노니 내 영광과 애굽과 광야에서 행한 내 이적을 보고서도 이같이 열 번이나 나를 시험하고 내 목소리를 청종하지 아니한 그 사람들은 내가 그들의 조상들에게 맹세한 땅을 결단코 보지 못할 것이요 또 나를 멸시하는 사람은 한 사람도 그것을 보지 못하리라(민 14:18-23)

이처럼 모세의 간청으로 여호와께서 구세대의 잘못을 사하시겠다고 결심하셨습니다. 그리고 징벌을 내리셨습니다. 이제 이스라엘 구세대에게 남겨진 과제가 있습니다. 하나님의 용서가 선포되었다고 모든 것이 끝에 이른 것은 아니기 때문입니다. 마땅히 가야 할 길이 있습니다.

그들이 나를 거스른 잘못으로 자기의 죄악과 그들의 조상의 죄악을 자복하고 또 그들이 내게 대항하므로 나도 그들에게 대항하여 내가 그들을 그들의 원수들의 땅으로 끌어갔음을 깨닫고 그 할례 받지 아니한 그들의 마음이 낮아져서 그들의 죄악의 형벌을 기쁘게 받으면 내가 야곱과 맺은 내 언약과 이삭과 맺은 내 언약을 기억하며 아브라함과 맺은 내 언약을 기억하고 그 땅을 기억하리라(레 26:40-42)

이 속에는 하나님의 말씀을 멸시하고 죄 가운데 살다가 결국 그 땅에서 쫓겨나 이방 땅에 포로로 잡혀가는 상황 속에서도 희망이 있다는 것을 일깨워줍니다. 멸망과 죽음이 끝이 아니라는 것을 알려주고 있는 것입니다. 그 희망은 멀리 있는 것이 아니라 저지른 죄에 대한 하나님의 징계를 어떻게 받아들이느냐에 달려 있다고 합니다. 죄의 삯은 분명히 사망입니다. 그러나 하나님께서 내리시는 징계의 길을 기꺼이 받는 사람들에게 하나님께서는 그들과의 파기된 언약을 기억하시는 것이 아니라, 그 조상들과의 언약까지 기억하셔서 새 길을 여실 수 있다는 마음을 보여주시는 것입니다. 결국 죄로 인해 모든 것이 끝났지만, 희망은 죄의 징계를 달게 받는 회개의 삶이 하나님의 마음을 움직이는 유일한 길임을 제시하고 있는 것입니다. 하나님께서는 이미 용서하셨습니다. 그 용서를 감사로 받고, 하나님의 뜻을 받드는 곳에 화해가 일어납니다. 예수님의 십자가 또한 동일합니다. 대속의 십자가는 모든 인류를 위한 것입니다. 이미 십자가에서 다 용서하셨습니다. 그런데 한 가지가 남아 있습니다. 값없이 용서받은 자로서의 인간의 회개입니다. 그 회개는 용서를 감사히 받고, 죄사함을 받으며, 더 이상 그 죄로 돌아가지 않겠다는 결단도 포함됩니다. 이렇게 예수님의 용서와 인생이 죄인임을 인정하고 감사와 감격으로 용서를 받는 곳에 하나님과의 화해가 일어납니다. 그러나 바리새인들, 율법학자들, 사두개인들은 자신들이 죄가 없다고 큰소리칩니다. 이는 곧 예수 그리스도의 십자가가 자신들에게는 필요 없다는 선언인 것입니다. 이런 곳에는 화해가 일어나지 않습니다. 그런 자들을 향하여 예수님께서 선언하십니다.

> 예수께서 들으시고 그들에게 이르시되 건강한 자에게는 의사가 쓸 데 없고 병든 자에게라야 쓸 데 있느니라 나는 의인을 부르러 온 것이 아니요 죄인을 부르러 왔노라 하시니라(막 2:17)

그리고 구약시대에 이스라엘 백성이 징계를 받고 있으니 당연히 회복시키셔야 한다는 공식은 결코 성립되지 않으며, 회개의 삶은 당연한 것이로되 회복에 대한 절대 주권은 오직 하나님께 있다는 것을 인정하는 것이 요구됩니다. 그러므로 죄 지은 자에 대한 구원의 회복은 오로지 하나님의 전폭적인 주권에 달려있는 것입니다. 우리의 할 일은 최선을 다해 징계의 시간을 살아가며 하나님의 긍휼하신 용서를 기대하며 간구하는 것입니다.

이제 구세대에게 주어진 희망은 이들의 진심어린 회개이며, 그 회개의 명백한 증거인 하나님의 징계를 삶으로 기꺼이 받드는 것입니다. 이들은 처음에는 받아들이지 못합니다. "우리가 범죄하였나이다"민 14:40라고 입술로는 고백하지만 삶으로는 결코 죄의 징계를 받을 준비가 되어 있지 않았습니다. 이들은 광야 40년 여정과 그 과정 중에 모두 광야에서 죽을 것이란 징계를 거부하고 가나안 족과 싸우겠다고 적진을 향해 나아가기도 합니다. 그 결과는 아말렉과 가나안 족속에게 패배하고 쫓겨 호르마까지 이르는 참패입니다.민 14:39-45 호르마는 '진멸'을 뜻한다는 점에서 이들의 운명을 대변하고 있습니다. 이들은 하나님의 징계선언이 자신들의 입에 발린 회개로는 결코 번복되지 않는다는 사실을 이것으로 깨달았을 것입니다. 이제 희망은 한 가지 이들이 하나님께서 내리신 광야 40년의 방황과 죽음이라는 징계를 어떻게 걸어가느냐에 달려 있습니다.

구세대의 광야여정을 통해 살펴볼 수 있는 것은 이 중에 단 한 사람도 애굽으로 돌아갔다는 내용이 없다는 것입니다. 그것이 희망이 될 수 있습니다. 그러나 그 여정 중에 벌어진 여러 반역의 사건들을 살펴보면 수많은 갈림길 또한 존재하고 있음을 알 수 있습니다. 징계를 받는 삶에 반역이 끼어들고 있다는 것은 하나님의 징계를 받지 않겠다는 점에서 희망을 잃어가고 있는 것입니다.

구세대의 이야기 속에 얼마나 많은 사람이 반역에 가담했으며, 또 얼마나 많은 사람이 묵묵히 하나님께서 내리신 징계를 받들었는지는 분명하게 구분할 수 없습니다. 그러나 명백하게 이 두 부류의 사람들로 갈라지고 있다는 것을 다음의 선언을 통해 확인해 볼 수 있다. 바로 슬로브핫의 딸들의 말 속에서 그 이후 어떤 반역 사건에도 가담하지 않고, 징계의 길을 묵묵히 걸어간 사람들이 존재했음을 알 수 있습니다.

요셉의 아들 므낫세 종족들에게 므낫세의 현손 마길의 증손 길르앗의 손자 헤벨의 아들 슬로브핫의 딸들이 찾아왔으니 그의 딸들의 이름은 말라와 노아와 호글라와 밀가와 디르사라 그들이 회막 문에서 모세와 제사장 엘르아살과 지휘관들과 온 회중 앞에 서서 이르되 우리 아버지가 광야에서 죽었으나 여호와를 거슬러 모인 고라의 무리에 들지 아니하고 자기 죄로 죽었고 아들이 없나이다 어찌하여 아들이 없다고 우리 아버지의 이름이 그의 종족 중에서 삭제되리이까 우리 아버지의 형제 중에서 우리에게 기업을 주소서 하매(민 27:1-4)

이렇게 자신들이 지은 죄로 인해 징계의 죽음을 기꺼이 받아들인 사람들은 비록 그들은 약속의 땅에 들어가지 못하는 불행을 겪었지만 그들의 자손들은 딸일지라도 그 땅을 기업으로 받는 축복을 누릴 수 있습니다. 기꺼이 징계의 길을 걸었던 슬로브

핫이란 사람의 다섯 딸들이 그 혜택을 누리는 수혜자들이 됩니다.수17:3,4 그러므로 광야에서 죽어간 구세대에게 "천국의 소망이 없다"라고 이야기할 수 없으며, 하나님의 구원 계획이 어떻게 회복되었는지에 대해 우리가 감히 확정적으로 이야기할 수가 없는 것입니다. 광야 40년의 징계의 시간을 기꺼이 받든 수많은 구세대의 사람들이 천국의 기쁨을 맛볼 것이란 점은 하나님의 긍휼하심에 의지할 때 충분히 기대해볼 만한 것입니다. 비록 광야에서 죽어간 무리일지라도 영원한 생명에 대해서는 하나님께로부터 활짝 열려있다는 것이 분명합니다. 그러므로 실패한 무리에 속할지라도 회개함으로 돌이킨다면 언제든지 희망은 주어져 있습니다.

단지 무리가 되어버린 사람들을 향하여 안타까운 것은 하나님께서 계획하신 목적지인 가나안 땅이 아닌 광야에서 생을 마감할 수 있다는 사실입니다. 이 세상에 하나님의 놀라우신 계획과 이상을 품고 이 땅에서의 삶을 시작했는데 마땅히 가야 할 길을 가지 못하고 도중하차하여 삶이 끝나버리는 것입니다. 하나님의 계획 속에 자리 잡았던 맡아야 할 사명이 무너짐으로 이 땅에 이루어야 할 천국의 성취까지 지연되는 것입니다. 제자와 무리는 이런 점에서 극명한 차이가 날 것입니다. 제자는 하나님의 뜻을 시작부터 끝까지 이루는 성취의 삶을 살아가며 뜻이 하늘에서 이룬 것처럼 땅에서 이루어지는 길을 열어 간다면, 무리는 도중에 하차하여 미완성의 삶을 살고 만다는 것입니다. 그러므로 제자에서 무리로의 퇴보는 최선을 다해 없애고, 무리에서 제자로의 전향은 빠르면 빠를수록 좋습니다.

2) 신약에서의 무리

신약성경에서 무리의 시작은 제자들과 함께 등장합니다. 베드로와 안드레 그리고 야고보와 요한이라는 제자들을 부르시는 사건^{마 4:18-22} 바로 다음에 무리에 대한 이야기가 펼쳐집니다.

> 예수께서 온 갈릴리에 두루 다니사 그들의 회당에서 가르치시며 천국 복음을 전파하시며 백성 중의 모든 병과 모든 약한 것을 고치시니 그의 소문이 온 수리아에 퍼진지라 사람들이 모든 앓는 자 곧 각종 병에 걸려서 고통 당하는 자, 귀신 들린 자, 간질하는 자, 중풍병자들을 데려오니 그들을 고치시더라 갈릴리와 데가볼리와 예루살렘과 유대와 요단 강 건너편에서 수많은 무리가 따르니라(마 4:23-25)

이렇게 제자들의 시작과 무리의 시작은 동일한 시점을 가지고 있다는 것 외에 또 한 가지 공통점을 가지고 있습니다. 제자들이 예수님을 '따랐다면', ^{ἀκολουθέω 아콜루쎄오} 무리들도 예수님을 '따르고 있다'ἀκολουθέω 아콜루쎄오는 것입니다. 그런데 차이점이 있습니다. 제자들은 '예수님을 따르는 것'마4:22이라면 무리들은 '예수님께서 일으키는 기적을 따르는 것'마4:25이란 점입니다. 하지만 이러한 두 간극이 좁혀지며 한 선상에서 만날 수 있는 길이 주어집니다. 즉 무리가 제자가 되는 길입니다. 그것은 다름 아닌 그 다음에 주어지는 산상수훈의 말씀을 통해서 가능해 질 것입니다. 예수님의 인격을 보고 따랐든, 기적을 보고 따랐든 주님의 말씀으로 하나 된다면 동일한 비전을 품고 하나님 나라인 천국을 향하여 동역할 수 있는 존재인 제자로 피차 거듭날 것이기 때문입니다. 산상수훈이 선포되는 대상에 이 두 그룹이 모두 포함되어 있다는 것이 그 증거입니다.

예수께서 무리를 보시고 산에 올라가 앉으시니 제자들이 나아온지라
입을 열어 가르쳐 이르시되(마 5:1-2)

산상수훈의 말씀은 이 땅에 하나님 나라를 이루는 삶의 길입니다. 이 말씀을 무리와 제자들에게 선포하신다는 것은 무리 중에서도 제자를 기대하고 계시다는 것이며, 제자가 또한 어떤 존재인지를 시작부터 알려주시는 것입니다. 그런데 약간의 차이가 느껴집니다. 무리를 보시고 산에 올라가 천국백성의 법을 선포하

려 할 때 제자들은 나아왔다라고 합니다. 제자들은 예수님께 더 가까이 나아가 말씀을 듣는 존재라는 것을 뜻하는 것이며, 이는 듣는 것 뿐만 아니라 실행력에서도 더 앞서간다는 것을 의미할 것입니다.

그리고 산상수훈의 분명한 강조점은 하나님만이 의지와 신뢰의 대상이시며, 그 말씀만 따르라는 것입니다.

> 그러므로 염려하여 이르기를 무엇을 먹을까 무엇을 마실까 무엇을 입을까 하지 말라 이는 다 이방인들이 구하는 것이라 너희 하늘 아버지께서 이 모든 것이 너희에게 있어야 할 줄을 아시느니라 그런즉 너희는 먼저 그의 나라와 그의 의를 구하라 그리하면 이 모든 것을 너희에게 더하시리라(마 6:31-33)

이러한 산상수훈의 말씀이 끝에 이르렀을 때 무리의 반응이 나타납니다.

> 예수께서 이 말씀을 마치시매 무리들이 그의 가르치심에 놀라니 이는 그 가르치시는 것이 권위 있는 자와 같고 그들의 서기관들과 같지 아니함일러라(마 7:28-29)

이곳에 제자들의 반응은 나타나고 있지 않지만 놀라는 것에 그치지 않고 주신 말씀을 그대로 살아가는 것이 주어진 과제일 것입니다. 그리고 산상수훈의 말씀을 그대로 살아가면 마침내 세상이 아닌 하나님만을 의지하고 신뢰하는 길로 가는 길이 활짝 열릴 것을 기대해 볼 수 있습니다.

또한 산상수훈의 법을 삶으로 준수하는 제자가 되면 삶 속에 선명하게 나타나는 것이 있습니다. 한 가지 내용만 살펴보아도 가야 할 길이 드러납니다.

또 눈은 눈으로, 이는 이로 갚으라 하였다는 것을 너희가 들었으나 나는 너희에게 이르노니 악한 자를 대적하지 말라 누구든지 네 오른편 뺨을 치거든 왼편도 돌려 대며 또 너를 고발하여 속옷을 가지고자 하는 자에게 겉옷까지도 가지게 하며 또 누구든지 너로 억지로 오 리를 가게 하거든 그 사람과 십 리를 동행하고 네게 구하는 자에게 주며 네게 꾸고자 하는 자에게 거절하지 말라(마 5:38-42)

구약은 눈은 눈으로, 이는 이로, 생명에는 생명으로 갚아야 한다고 되어 있습니다. 그런 법을 지키고 살아가면 됩니다. 그러나 우리 그리스도인인 제자는 다른 세상을 만들어야 합니다. 오른 뺨을 치면 왼편도 돌려대고, 송사하여 속옷을 가지고자 하면 겉옷까지 기꺼이 벗어주고, 억지로 오 리를 가자고 하면 기꺼이 십 리를 동행해 주는 것입니다. 자신이 가진 것은 물론 기꺼이 자신의 소중한 감정까지도 내려놓아야 하는 삶의 길입니다. 결코 쉽지 않은 일입니다.

그런데 이것이 이루어지는 길이 있습니다. 바로 그 길이 제자가 걸어갈 길입니다. 이 법은 우리 구주이신 예수님께서 주신 법입니다. 예수님께서 이것을 어떻게 이루셨는가가 바로 우리에게 답이 될 것입니다. 예수님의 삶 속에 이 세 가지가 모두 이루어지는 순간이 있습니다. 천국 법을 주시고 그 법대로 그대로 사신 것입니다. 이제 그 뒤를 따르는 것이 역시 제자의 길인 것입니다.

이에 예수의 얼굴에 침 뱉으며 주먹으로 치고 혹은 손바닥으로 때리며 가로되 그리스도야 우리에게 선지자 노릇을 하라 너를 친 자가 누구냐 하더라(마 26:67-68)

그들이 예수를 십자가에 못 박은 후에 그 옷을 제비 뽑아 나누고(마 27:35)

군병들이 예수를 십자가에 못 박고 그의 옷(겉옷)을 취하여 네 깃에 나눠 각각 한 깃씩 얻고 속옷도 취하니 이 속옷은 호지 아니하고 위에서부터 통으로 짠 것이라 군병들이 서로 말하되 이것을 찢지 말고 누가 얻나 제비 뽑자 하니 이는 성경에 저희가 내 옷을 나누고 내 옷을

제비 뽑나이다 한 것을 응하게 하려 함이러라 군병들은 이런 일을 하고(요 19:23-24)

나가다가 시몬이란 구레네 사람을 만나매 그를 억지로 같이 가게 하여 예수의 십자가를 지웠더라(마 27:32)

이 세 가지가 모두 다 예수님의 십자가에서 성취됩니다. 이처럼 예수님께서 십자가를 지심으로 우리에게 이 모든 것을 다 행해 주셨습니다. 우리에게 이 십자가의 사랑과 은혜가 가득하다면 우리 또한 이와 같은 삶으로 나아갈 수 있는 것입니다. 이제 기대하는 것은 예수님의 가르침에 놀랐던 무리 또한 이와 같은 길로 나아간다면 분명 희망이 있습니다.

마가복음에 나타난 예수님의 십자가의 여정은 가이사랴 빌립보에서 시작하여 예루살렘까지 연결됩니다.[막 8:27-10:45] 그 여정에서 예수님은 세 번에 걸쳐 십자가에 대하여 제자들에게 말씀하십니다.[막 8:31; 9:31; 10:32-34] 이제 마땅히 걸어야 할 삶의 길이 그것임을 가르치시며, 삶으로 보여주신 것입니다. 처음으로 십자가의 고난을 말씀하실 때 베드로가 반대하며 항변을 합니다. 이 때 예수님께서 베드로를 꾸짖으십니다.

인자가 많은 고난을 받고 장로들과 대제사장들과 서기관들에게 버린
바 되어 죽임을 당하고 사흘 만에 살아나야 할 것을 비로소 그들에게
가르치시되 드러내 놓고 이 말씀을 하시니 베드로가 예수를 붙들고
항변하매 예수께서 돌이키사 제자들을 보시며 베드로를 꾸짖어 이르
시되 사탄아 내 뒤로 물러가라 네가 하나님의 일을 생각하지 아니하
고 도리어 사람의 일을 생각하는도다 하시고(막 8:31-33)

그리고 제자들을 불러 모으셔서 십자가의 도를 가르치십니다. 그
런데 그 가르침을 듣는 사람들이 제자들 외에 또 다른 사람들이
있습니다.

무리와 제자들을 불러 이르시되 누구든지 나를 따라오려거든 자기를
부인하고 자기 십자가를 지고 나를 따를 것이니라 누구든지 자기 목
숨을 구원하고자 하면 잃을 것이요 누구든지 나와 복음을 위하여 자
기 목숨을 잃으면 구원하리라(막 8:34-35)

이렇게 첫 번째 십자가의 길을 가르치시며 말씀을 전하
실 때에는 분명 무리 또한 함께하고 있었습니다. 그러나 십자가의
길이 계속되며 예수님의 기적은 줄어가고, 그리고 고난에 관한 이
야기가 거듭될수록 무리들의 이탈이 가속화됩니다. 그 증거는 두
번째 십자가 예고와 예수님의 가르치심을 살펴보면 알 수 있습니

다. 두 번째 십자가 예고가 주어질 때,^{막9:30-32} 제자들은 예수님의 뒤를 따라오며 "누가 크냐?"라고 자리다툼을 벌였습니다.^{막9:33-34} 이에 대해 예수님께서 또 가르치십니다. 이 때의 대상을 보면 첫 번째 가르침과의 차이점을 알 수 있습니다.

> 예수께서 앉으사 열두 제자를 불러서 이르시되 누구든지 첫째가 되고 자 하면 뭇 사람의 끝이 되며 뭇 사람을 섬기는 자가 되어야 하리라 하시고(막 9:35)

대상이 축소되었습니다. 무리라는 말은 사라지고, 열두 제자로 집약됩니다. 십자가의 길을 걸어가며 끝까지 완주할 수 있는 사람이 줄어들고 있다는 것을 보여주는 것입니다. 이렇게 무리는 가르침과 기적에 놀라지만 정작 예수님의 말씀을 삶으로 살아야 하는 십자가의 길에서는 멀어지기 시작하는 것입니다. 이렇게 무리는 예수님의 가르침과 기적에 대해 '놀라고, 경이로워'합니다.^{마9:8, 33; 12:23; 15:31; 22:33} 그러나 예수님의 삶은 닮아가지 않습니다.

그리고 예수님께서 마침내 예루살렘에 입성하실 때는 '호산나'를 외치며 환호하던 무리들이,^{마21:9} "지금 곧 구원하소서"라는 간절한 외침인 '호산나'를 외면하고 로마군대에 사로잡혀 그 어떤 이적도 일으키지 못하자 그동안 놀랐던 마음까지 다 접어버립니다. 따르기를 거부할 뿐만 아니라, 자신들의 소망과 바램을 이루어주지 못하는 무력한 메시아를 가차 없이 버리는 것입니다. 그리고 십자가에 못 박으라고 고함을 질러댑니다.[마 27:20-23] 이렇게 무리는 듣지만, 살지 않고, 따라가지만 다른 꿈을 꾸며 끝까지 고집을 꺾지 않고 자기들의 주장을 관철시키려 합니다. 마태복음에서 '무리'라는 단어가 나타나는 시작과 끝만 살펴보아도 이들의 관심이 무엇인지를 알게합니다.

마 4:24-25	마 27:20-24
그의 소문이 온 수리아에 퍼진지라 사람들이 모든 앓는 자 곧 각종 병에 걸려서 고통 당하는 자, 귀신 들린 자, 간질하는 자, 중풍병자들을 데려오니 그들을 고치시더라 갈릴리와 데가볼리와 예루살렘과 유대와 요단강 건너편에서 수많은 무리가 따르니라	대제사장들과 장로들이 무리를 권하여 바라바를 달라 하게 하고 예수를 죽이자 하게 하였더니 총독이 대답하여 이르되 둘 중의 누구를 너희에게 놓아 주기를 원하느냐 이르되 바라바로소이다 빌라도가 이르되 그러면 그리스도라 하는 예수를 내가 어떻게 하랴 그들이 다 이르되 십자가에 못 박혀야 하겠나이다 … 빌라도가 아무 성과도 없이 도리어 민란이 나려는 것을 보고 물을 가져다가 무리 앞에서 손을 씻으며 이르되 이 사람의 피에 대하여 나는 무죄하니 너희가 당하라

이적과 기적이 일어나는 장소에서 시작하여, 로마의 힘 앞에 무력하게 체포된 곳까지 무리는 예수님을 따라갑니다. 이들은 예수님이 자신들을 갖은 질병에서 구원해 주시듯이 그렇게 로마의 압박으로부터도 구원시켜 줄 메시아라 믿었습니다. 그러나 결론에서 무리는 예수님이 의지의 대상도 못되며, 자신들이 바라는 꿈을 실현시켜 줄 존재도 못 된다는 것을 확인하고 철저하게 돌아섭니다. 이들의 관심은 육신의 차원에 머물러 있었던 것입니다. 자신들이 못박으라고 소리친 그 십자가가 자신들이 그렇게 목이 터져라 외쳤던 '호산나'가 실현되는 장소임을 몰랐던 것입니다.

　　　이와 같은 성향은 역시 예수님을 따르는 제자도의 반전이라는 점에서 안타까움을 금할 수 없습니다. 이 시작과 끝의 관계성을 도표로 비교해 보면 다음과 같은 제자도와 상반된 그림이 만들어질 수 있습니다.

시작(마 4:24-25)		끝(마 27:20-24)
* 예수님의 공급:하나님 나라 비전(회복)		* 예수님의 공급:하나님 나라 비전 실현(십자가)
* 무리의 의지: 순간적인 육신적 치유 갈망	⇨⇨	* 무리가 바라는 것: 이 땅에 이스라엘 나라 회복
* 의미: 육체적 생존을 위해 의지하는 것		* 의미: 이루길 바라고, 희망하는 모든 것

제자도의 시작이 생존을 위한 의지였던 '그물, 배, 아버지'를 버리고 예수님을 따르는 것이었다면 무리는 육신적 생존에 직결된 치유에만 모든 의지를 두고 매달리는 것으로 시작합니다. 그리고 제자도의 결론이 자기를 부인하며 이루기를 바라는 모든 것을 십자가에 못박는 것이라면 무리는 이 땅에 가시적인 이스라엘 나라가 회복되어 자신들의 뜻이 실현되는 것을 간절히 고대하고 있습니다. 역시 구약의 무리인 출애굽 구세대와 다를 바가 없음을 살펴볼 수 있습니다.

이처럼 예수님을 좋아하는 무리는 다수이지만, 예수님을 따르기 위해 기꺼이 대가를 치르는 제자는 소수에 지나지 않습니다. 무리는 자기 마음과 감정이 기준이지만, 제자는 스승과 그의 뜻이 기준입니다.[27] 카일 아이들먼이 제시하는 열광하는 팬에 대한 정의가 곧 무리에 대한 정의가 될 것입니다.

팬은 맨몸에 페인트칠을 하고서 축구장에 가는 사람이다. 팬은 관람석에 앉아 팀을 열렬하게 응원하는 사람이다. 팬은 선수가 사인한 운동셔츠를 벽에 걸어두고 자동차 뒤에 갖가지 범퍼 스티커를 붙인다. 하지만 정작 경기에는 나서지 않는다. 경기장에서 땀을 뻘뻘 흘리며 달리거나 공을 차지는 않는다. 선수들에 관해서는 모르는게 없고 최근 기록을 줄줄이 꿰고 있지만 선수들을 개인적으로 알지는 못한다. 고함을 지르며 응원은 하지만 경기를 위해 희생을 하지는 않는다. 게다가 응원하는 팀이 자꾸만 패하면 그렇게 좋아하던 마음도 조금씩 식어가고, 심지어는 다른 팀으로 옮겨가기도 한다. 팬은 어디까지나 팬일 뿐이다. [28]

이것은 지금 예수 그리스도를 따랐던 무리들이 보였던 태도와 다를바가 없습니다. 그들은 예수님의 가르침과 기적에 열광했으며, 먼 길을 마다치 않고 따라다녔습니다. 그러나 예수님의 가르침을 삶으로 가져갈 마음도, 그 가르침으로 인해 도달하게 될 십자가를 질 생각도 없습니다. 마침내 예수님이 세상의 위력에 패배하는 것처럼 보이는 장소에서는 열광하던 마음이 식어지고, 오히려 반대편에 서는 것을 선택합니다. 그렇게 무리는 제자의 길에서 완전히 벗어나게 됩니다. 그러나 그렇다고 그게 끝이라고 단정할 수는 없습니다. 호흡이 거두어지는 순간까지 언제나 무리 앞에 제자의 길은 놓여 있기 때문입니다. 값없이 주시는 은혜를 감사함으로 받아, 기쁨으로 응답하며 살아가는 것에 희망이 있는 것입니다.

그 구체적인 증거는 제자들의 모습 속에서 드러납니다. 예수님의 십자가의 길을 따르며 자신들의 뜻이 이루어지기를 갈망했던 제자들이었고, 주님의 십자가 앞에서는 모두 육신의 생명을 살리려 도망쳤던 인생들입니다. 수제자인 베드로는 세 번씩이나, 심지어는 마지막에 저주까지 하며 예수님을 부인했던 사람입니다. 무리들이나, 제자들이나 하등 다를 바 없는 모습이었습니다. 그러나 제자들이 제자도를 걷게 된 것은 죽음을 이기시고 부활하신 주님이 그들을 찾아오셔서 만나주시고, 용서하시고, 다시 불러주신 은혜에 감사함으로 돌이켜 응답한 것으로 인해 가능해졌습니다. 이와 같이 무리 또한 살아계신 예수님의 부르심에 다시 응답하여 그 뜻을 받든다면 제자도를 이루는 길로 나아갈 수 있을 것입니다. 어느 누구도 "지금이 끝이다"라고 말할 수 없습니다. 지금 이 순간에도 제자의 길과 무리의 길은 완료형이 아닌, 진행형이기 때문입니다.

나가는 말

::
::
::

그리스도인이 도달해야 할 궁극적인 정체성의 실현은 곧 제자입니다. 제자의 삶에는 또한 평생의 비전이 되어야 할 순종의 예배가 연결되어 있습니다. 구약시대부터 신약시대까지 그리고 신약시대의 연장선상인 지금 우리 시대까지 하나님은 자신의 계획을 함께 공유할 제자, 즉 동역자를 세우십니다.

여호와께서 이르시되 내가 하려는 것을 아브라함에게 숨기겠느냐(창 18:17)

주 여호와께서는 자기의 비밀을 그 종 선지자들에게 보이지 아니하시고는 결코 행하심이 없으시리라(암 3:7)

우리는 하나님의 동역자들이요 너희는 하나님의 밭이요 하나님의 집
이니라(고전 3:9)

우리가 하나님의 동역자들이요, 제자들이라면 하나님의 영원하신 계획이 무엇인지에 대해서는 분명하게 알아야 할 필요가 있습니다. 하나님의 마음과 뜻을 전해야 할 사명이 주어져 있다는 것은 분명 사람으로서는 가장 존엄한 가치를 인정받고 있다는 것이기에 은혜 위에 은혜라 할 수 있습니다. 이제 이 책에서 펼쳐졌던 다섯 가지의 주제들이 어떻게 하나로 연결되어 그리스도인의 정체성인 올바른 제자도를 완성시킬 수 있을까를 보는 것이 결론이 될 것입니다.

구약에서 신약으로의 연결은 단지 성경의 장수를 늘려 이야기만 확대시키는 것이 아니라, 그 안에 하나님의 무너진 꿈이 있으시고, 그 무너진 것을 다시 회복하여 완성하시려는 뜻이 있음을 보았습니다. 구약의 단계에서는 인간의 죄성으로 인해 회복해 갈 수 있는 한계가 있었다면, 신약시대에는 예수 그리스도의 보혈의 공로로 그 한계를 극복하고 하나님의 뜻을 완성시킬 준비가 되었습니다. 구약시대에는 죄로 인한 심판이 일상화 되었다면, 신약시대에는 이 땅에 오신 예수님께서 그 죄를 다 짊어지시고 속죄의 제사를 단번에 드리심으로 죄의 끝을 내셨습니다. 그 영원한 속죄

의 제사가 정죄의 시대에서 용서의 시대로의 전환을 열었습니다. 세상을 향하여 십자가 죄사함을 통한 용서를 선포하며 구주 예수 그리스도의 품으로 돌이키는 것이 제자들의 지고의 사명이 된 것입니다.

이렇게 전환된 배경 속에는 원죄로 인한 막힌 담의 해결이 가장 중요한 요소로 자리매김 합니다. 원죄는 하나님과의 하나 됨을 차단하여 그 길이 막혔으나, 십자가의 죄사함은 하나님과의 막힌 담이 허물어지는 대변혁의 시대를 엽니다. 그로 인해 성막과 성전의 깊은 곳 지성소에 자신을 숨기실 수밖에 없으셨던 하나님의 임재가 우리 안에 거하실 수 있는 길이 휘장 가운데로 활짝 열린 것입니다. 하나님과의 막힌 담, 사람들과의 막힌 담이 제거되고 모두가 예수 그리스도 안에서 하나로 연합되는 대통합의 시대를 맞이하였습니다. 우리 그리스도인들이 하나로 연합되고, 연결되어 한 몸이 되는 시대가 된 것입니다.

우리가 예수 그리스도를 머리로 하는 한몸이라는 이 거룩한 인식은 믿는 자든 아니든 동료 인간을 향한 존엄성을 인정하는 것으로 나아가게 합니다. 그것은 또한 예정과 의지에 대한 생각까지도 대립이 아닌, 화합의 장으로 만들어 갈 수 있는 길을 열 수 있습니다. 우리는 누가 어떻게 예정되어 있는지를 알 수 없습니다. 단지 우리에게 주어진 것은 "하나님이 세상을 이처럼 사랑하사 독생자를 주셨으니 이는 저를 믿는 자마다 영생을 얻게 하려 하심이니라"요 3:16는 확고한 말씀입니다. 누군지 알 수 없음에도 구원받을 자와 유기될 자가 정해져 있다는 교리로 논쟁하기 보다는 모든 사람들을 존엄하게 대하며 각 사람들이 자신의 생각과 지식과 의지를 다 동원하여 주를 볼 수 있도록 돕는 것이 필요할 뿐입니다. 우리는 누가 구원이 있느냐, 없느냐를 논하고 정하는 존재가 아니라, 주의 제자로서 심고, 물주며 가꾸는 것이 소명입니다. 그 다음은 하나님께서 주권을 가지시고 자라게 하시고, 좋은 열매든, 나쁜 열매든 거두시고 심판하실 것입니다.고전 3:6-7 그러므로 예정이냐, 의지냐의 교리 논쟁보다 더욱 중요한 것은 구원받은 자로서 어떻게 하나님의 심판대 앞에 서는 존재가 될 것이냐에 초점을 맞추어야 할 것입니다.

그 마지막 심판대 앞에서는 무엇이 심판의 기준이 될까요? 하나님의 말씀은 분명 하나님의 은혜로 인하여 믿음으로 말미암아 구원을 받는다고 전하고 있습니다.롬 3:28; 갈 2:16; 엡 2:8 그런데 심판이라는 단어가 연계되면 상황은 달라집니다. 베드로전서는 "외모로 보시지 않고 각 사람의 행위대로 심판하신다"1:17고 하고 계시록은 "너희 각 사람의 행위대로 갚아 주리라"2:23고 하며, 그 결론에서는 "죽은 자들이 자기 행위를 따라 책들에 기록된 대로 심판을 받는다"20:12-13고 합니다. 은혜인가, 행위인가에 대한 이러한 모순된 것 같은 상황은 이 둘의 밀접한 상관관계로 해결될 것입니다. 은혜에 의해 믿음으로 구원에 이른다는 것 속에 이미 답은 들어가 있습니다. 하나님의 은혜는 우리 안에 하나님을 향한 믿음, 즉 확신을 심어줍니다. 그 확신이 우리의 의지를 다하여 움직이게 하는 동력을 제공해 주는 것입니다. 결국 확신이 없다면 의지가 동하지 않을 것이며, 몸과 마음이 움직이지 않을 것입니다. 여기서 분명해지는 것이 있습니다. 믿음도 은혜로 인해 발생되고, 행위도 그 은혜로 인한 것이란 점입니다. 그러므로 은혜 안에는 믿음과 행함이 동시에 포함되어 있는 것입니다. 그래서 어떤 행위를 할지라도 자랑할 것이 없고, 감사할 것 밖에는 없는 것입니다. "은혜냐, 행함이냐?"는 질문은 은혜를 철저히 기억하고 있느냐, 잊었느냐에 따라 손쉽게 해결이 되기도 하고, 복잡하게 꼬이기도 하는 질문이 될 것입니다. 은혜 안에는 믿음과 행함이 동일하게 포함되어 있기에 믿음으로 구원에 이르고, 행함으로 구원의 완성에 이르는 것입니다. 이렇게 은혜에 바탕을 둔 믿음과 행함의 관계는 태양에서 빛을 분리할 수 없고, 불에서 열을 분리할 수 없으며, 살아있는 사람에게서 호흡을 분리할 수 없듯이 결코 분리될 수 없는 것입니다. 그래서 심판대 앞에서 각 사람의 행위로 심판을 받는다는 것은 곧 그 갚을 길 없는 놀라운 구원의 은혜를 진정 가치 있게 받아들였느냐, 아니냐에 대한 판단인 것입니다.

이렇게 구약과 신약을 통과하고, 원죄의 뿌리까지 다 뽑아내고, 하나님께서 예정하신 그 숭고한 뜻에 자신의 의지를 다 내어 놓아 순종하며 평생을 걸어갈 수 있는 동력이 바로 이 값을 수 없는 은혜에서 흘러나옴을 알 수 있습니다. 그리고 궁극적으로 그리스도인들이 이루어야 할 제자도 또한 이 놀라운 은혜에 대한 올바른 응답으로 인해 가능해지는 것입니다. 이 은혜 없이 자신의 의지를 끊고, 자기를 부인하며, 생명을 주께 다 드리는 제자의 길은 불가능하기 때문입니다. 삼위 하나님께서 우리로 여기까지 도달하게 하셨습니다. 이제 가야 할 길은 생육하고, 번성하여 땅에 충만하고, 땅을 정복하여, 모든 것을 바르게 다스리는 창조의 완성을 이루는 것입니다.

그러므로 너희는 가서 모든 민족을 제자로 삼아 아버지와 아들과 성령의 이름으로 세례를 베풀고 내가 너희에게 분부한 모든 것을 가르쳐 지키게 하라 볼지어다 내가 세상 끝날까지 너희와 항상 함께 있으리라 하시니라(마 28:19-20)

성부 하나님께서 계획하시고, 성자 예수님께서 성취하시고, 이제 보혜사 성령님께서 우리와 함께 완성시키실 하나님 나라, 그 나라를 향하여 전진해 나가는 것입니다. 먼저 제자 된 사람들이 제자를 삼아 우리 주님께서 분부한 모든 것을 가르쳐 지키게 할 때 하나님 나라는 든든한 다스림 가운데 세워져 갈 것입니다. 이 뜻을 다 이루실 그날까지 우리 구주 예수 그리스도의 성령께서 함께하실 것입니다. 그리고 다시 오실 것입니다. 아멘! 주 예수여 오시옵소서. 마라나타.

미주

1) 존 스토트(J. Stott), 『로마서 강해: 온 세상을 향한 하나님의 복음(*The Message of Romans: God's good news for the World*)』(정옥배 역) (BST: 서울: IVP, 1996), 191–97쪽.

2) 김세윤, 『구원이란 무엇인가』(서울: 두란노아카데미, 2001), 23쪽.

3) 김세윤, 『구원이란 무엇인가』, 156쪽.

4) 다니엘 L. 밀리오리(D. L. Migliore), 『기독교 조직신학 개론: 이해를 추구하는 신앙(*Faith Seeking Understanding*)』(신옥수 & 백충현 역) (서울: 새물결플러스, 2012), 271쪽.

5) 『기독교강요』 3권 22장. 존 칼빈(John Calvin), 『기독교 강요, 중(*Institutes of Christian Religion*)』(원광연 역) (경기: 크리스챤다이제스트, 2004), 526–46쪽.

6) 『기독교강요』 3권 22장 5번 – "야곱과 에서의 경우에서 나타나는 증거."

7) 『기독교강요』 3권 21장 "선택 교리에 대한 요약적인 정리," 524쪽.

8) 한국웨슬리학회 편, "우리 자신의 구원을 성취함에 있어서," 『웨슬리설교전집 6』(서울: 대한기독교서회, 2006), 168쪽.

9) 한영태, "칼빈과 웨슬리 신학의 주요 사상 비교," 「신학과 선교」 42 (2013), 18–19쪽; 『기독교강요』 1권 '헌사,' 16쪽.

10) 홍정수, "이중 예정론의 허와 실," 「세계와 신학」 32 (1996), 69쪽.

11) 위키백과, "항변의 다섯 조항"(https://ko.wikipedia.org/wiki/).

12) 위키백과, "항변의 다섯 조항"(https://ko.wikipedia.org/wiki/).

13) 한영태, "칼빈과 웨슬리 신학의 주요 사상 비교," 19–20쪽.

14) 최인식, "개혁주의 신학과 웨슬리안 신학의 대화를 위한 칼뱅의 이중예정론과 웨슬리의 예지예정론 비교 연구," 「한국기독교신학논총」 88 (2013), 151–52쪽.

15) 『기독교강요』 3권 22장 2번 – "선택이 창세 전에 이루어졌음."

16) 『기독교강요』 1권 15장 1, 8번.

17) 김세윤, 『구원이란 무엇인가』(서울: 두란노아카데미, 2001), 120, 122쪽.

18) 김세윤, 『신약을 어떻게 읽을 것인가』(서울: 성서유니온, 2008), 60쪽.

19) 제임스 패커(J. Packer), 『알미니우스주의(*Arminianisms*)』(이스데반 역) (서울: CLC, 2019), 12–13쪽. 이 책을 번역한 이스데반 목사의 '역자 서문'에서 인용하였다.

20) 패커, 『알미니우스주의』, 78–79쪽.

21) 김세윤, 『구원이란 무엇인가』, 115–16쪽.

22) 패커, 『알미니우스주의』, 103쪽.

23) 마르틴 루터(M. Luther), "로마서 서문," 『루터 저작선(*Martin Luther – Selections From His Writings*)』, (존 딜렌버거 편집[J. Dillenberger]; 이형기 역), 62쪽.

24) 루터, "로마서 서문," 62쪽.

25) 마틴 루터 킹(Martin Luther King, Jr.), 『나에게는 꿈이 있습니다(*I Have a Dream*)』(채규철, 김태복 옮김) (서울: 한터, 1989), 210쪽.

26) *Nahum M. Sarna, Understanding Genesis* (New York: Schoken Books, 1970), 161쪽; Gary A. Rendsburg, The Redaction of Genesis (Indiana: Eisenbrauns, 1986), 30–35쪽.

27) 조정민, 『사후대책』(서울: 두란노, 2019), 77쪽.

28) 카일 아이들먼(Kyle Idleman), 『팬인가, 제자인가(*Not A Fan*)』(서울: 두란노, 2017), 29쪽.